일터에서 길을 찾다

일터에서 길을 찾다

생존에서 '선택'으로!
소용돌이에서 '어울림'으로!
억지에서 '내어맡김'으로!
그리고, 그 너머!

· · · · · ·

길준수 지음

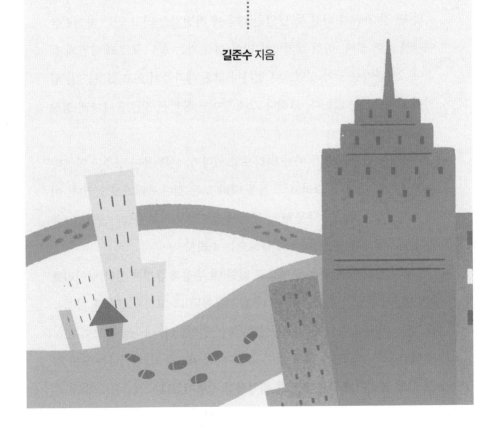

좋은땅

그 이상의 존엄, 길 찾기!

물 흐르듯이

몇 년 전 가슴이 터질 듯 답답한 마음에 자전거를 타고 인근 하천길을 여행한 적이 있다. 하천 끝자락에 앉아 시간 가는 줄도 모르고 상념에 잠겼다. 2시간가량 앉아 있었으니 얼마나 많은 생각들이 오고 갔겠는가. 일일이 기억나지는 않는다. 그러나 그때 일어난 통찰은 지금도 나에게 영향을 주고 있다.

앉아서 흘러가는 물을 마냥 바라보고 있다가, 문뜩 물이 멈추지 않는다는 사실을 발견했다. 그리고 그 물을 따라 모든 것이 흘러가고 있었다. 어디서 출발했는지 모를 나뭇잎도, 물위에 일그러져 비친 하늘과 구름도, 주변 산책 나온 사람도, 사방에서 들려오는 소리도…!

오로지 멈춰 있는 것은 부여잡고 있던 내 부정적 감정과 생각 덩어리뿐이었다. 그때 내가 했던 작업은 나를 괴롭혔던 그 고정된 생각과 감정을 간간이 떠내려오던 나뭇잎 위에 얹어 놓는 일이었다. 나뭇잎이 보이지 않을 때는 그냥 흐르는 물위에 얹어 놓았다. **물 흐르듯이, 일어나는 모든 것을, 그냥 흘러가게 두는 것! 꽤 매력적인 경험이었다.** 2시간을 그렇게 하고 나니, 머리와 가슴이 시원해졌다. 난 이렇게 다짐했다. "그래, 물 흐르듯이 살자. 내 안에서 일어나는 감정, 생각, 신념을 붙들지도 밀쳐 내지도 말고 물 흐르듯이 그렇게 두자~!" 하고 말이다.

참 많이도 애썼다. 일터가 새롭게 만들어지고 안정되기까지 반드시 거쳐야 할 과정과 사건들이 있었다. 얼마나 많은 생각이 일어나고 부딪혔을까? 얼마나 많은 감정이 쌓였을까? 또 사건·사고에 대처하느라 쌓인 마음의 찌꺼기들은….

어느 날 정돈되지 않은 마음을 풀어헤쳐야겠다는 생각이 찾아왔다. 그리고 흐르는 물을 물끄러미 바라보았던 '그날'이 떠올랐다. 그래! 마음속에 쌓여 있는 서류철과 그 사이사이 덧입혀진 생각과 감정을 풀어헤쳐서 흐르는 강물 위에 던져 보자! 나는 풀어헤치는 방법의 하나로, 아내의 권고를 받아들여 '글'을 쓰기로 했다.

긴 시간을 왜?

요즘 뇌과학이 발전하면서 인간 행동의 원인을 밝혀내는 연구가 활발히 진행되고 있다. 생존! 인류가 지금까지 살아남아 찬란한 문화를 창출한 이면에 이 생존 욕구가 작용했다고 한다. 이 관점에서 나를 좀 더 살펴본다.

일터에 몸담은 시간이 짧지 않다. "주변에서 하라고 하니까, 책임을 맡았으니까, 어쩔 수 없이 그렇게 했다." 하고 뒤로 숨고 싶지만, '해야 한다'(의무감)는 '하고 싶다'(욕망)의 투사라는 정신분석학적 결과를 나는 무시하고 싶지 않다. 그동안 과도한 업무와 의무감에 피곤과 스트레스를 경험했고, 여전히 부정적 감정과 상념의 찌꺼기를 마음 한구석에 가지고 있지만, 나는 더는 진실을 외면하고 싶지 않다. **나는 '내가 하고 싶어서' 이 일을 했다!**

그럼, 나는 왜 이 일을 하고 싶었던 것일까? 무엇 하려고 그렇게 에너지를 쏟아 냈을까? 모든 인간 행동의 최종 목적이 '생존'에 있다는 뇌과학적 관점에 따라, **나 역시 '살아남기 위해' 발버둥 쳤다는 것**도 받아들여야 한다.

그러나 이 부인할 수 없는 진실을 받아들일 수밖에 없음에도 **내 행위와 존재에 대한 '그 이상의 존엄'**을 내팽개치고 싶지는 않다. 이 존엄을 지키기 위해 나는 이렇게 표현하려 한다.

'끊임없이 뭔가를 찾아 길을 떠났다'라고 말이다.
나를 자유롭게 하고 나를 만족하게 하고
내 삶의 목적에 다가가게 하는
그 '길'을 가고자 여기까지 온 것이라고 말이다.
좋은 일을 만들고
그 일로 누군가에게 힘이 되어 주고
나 또한 그 일로 즐거워하기 위해서
'길'을 찾으려 했다고 말이다.

감사하게도 특별한 경험의 연속이었다. 삶에 부딪히면서 몸으로 익혔다고 표현해야 할까…. 무슨 일이 일어나면 놀라고 혼란스러워하고, 다투고, 의견을 나누다가, 스쳐 지나가는 새로운 생각들이 모이고 영글어서,

일터에서 길을 찾다

그 일이 일어나기 전에는 결코 상상할 수도 없는 대안과 결과가 만들어지는 과정을 수없이 반복했다. 지금은…, 일터 첫 삽을 뜬 이후에 어떤 일이 벌어지고 어떤 과정을 통해 서비스가 전달되는지, 그 속에서 직원들은 무엇을 경험하고 무엇 때문에 힘들어하는지, 관리자는 무엇을 고민하고 어떤 벽에 부딪히며 그 벽을 어떻게 넘어가는지 등 이 모든 것을 짧은 시간에 압축해서 경험한 것 같은 기분이 든다.

더 아래로

나는 왜 이 글을 쓰는 것일까? 위에서 '마음속 쌓인 생각과 감정의 찌꺼기들을 풀어헤치기 위해서'라고 말했다. 그러나 좀 더 근본적인 동력을 찾아야겠다.

일단 지난 기억이 사라지지 않도록 정리하고 남겨 놓고 싶은 욕구가 내 안에 있음을 본다. 그간 고군분투했던 과정은 책에서는 결코 찾아볼 수 없는, 역동적이고 독특한 실무 경험이었다. 역사를 기억할 때 성찰이 일어나고 실수를 반복하지 않는 것처럼, 향후 이 기록이 나 자신에게는 물론이고 누군가에게 기억과 성찰의 자료로 다가가길 바란다.

더 아래로 내려가 보자. 왜 글을 쓰는 것일까? 아마도 '길을 찾아 떠난 노력이 헛되지 않았음'을 증명하고 싶은지도 모르겠다. 이 증명은 내 개인적인 경험이 보편성을 띠고 누군가에게 타산지석으로 다가가 시행착오를 줄이고 새로운 아이디어에 착안하는 계기가 될 때 비로소 완성되는 것이 아닐까.

이 책의 개요

긴 시간 사회복지에 몸담으면서 눈으로 보고 귀로 듣고 가슴으로 느끼고 머리로 받아들인 여러 삶의 조각들을 모두 3부 7장에 걸쳐서 '길을 가듯' 풀어놓았다.

1부(1~3장)에서는 일터에서 첫발을 내디딘 후 의도하지 않게 펼쳐지는 다양한 상황 속에서 때로는 억지로 때로는 자연스럽게 마음을 맞추어 가는 과정을 담았다. 갑작스럽게 일터에 찾아온 늪과 같은 걸림돌 앞에서 조심스럽게 징검다리 놓듯 길을 찾았던 이야기와 그 속에서 누구나 한 번쯤은 경험해 보았을 만한 훈훈한 삶 & 사람 이야기도 함께 담았다.

2부(4~5장)에서는 들어선 길에 익숙할 때쯤 찾아온 일터의 소용돌이 한가운데서, 건강한 조직, 건강한 리더, 직원의 전문적 역량의 필요성을 깨닫고, 어떻게든 한 단계 성장하고픈 몸부림으로 새롭게 펼쳤던 길을 풀어놓았다. 그 과정에서 필연적으로 만나게 되는 협력, 소통, 존중이라는 관계의 어울림도 함께 담아 보았다.

마지막으로 3부(6~7장)에서는 허겁지겁 지나온 길을 잠시 뒤돌아보며 내가 어디쯤 서 있는지, 무엇을 향해 가고 있는지를 살펴보았다. 그동안 일터에서 만난 '정리된 생각들'을 모아, 당기고 밀쳐 내려는 '충동'과 '얽힘'에서 벗어나 나름 힘이 되었던 '독특한 삶의 방식'도 조심스럽게 펼쳐 보았다.

직종마다 독특한 분위기와 일의 방식이 있다. 반면에 사람이 하는 일이면 그것이 무엇이든 보편성을 띤 경험이 있기 마련이다. 나는 가능하면 보편성에 초점을 맞추었다. 어디서든 일어날 수 있는 보편적 경험이 공감

일터에서 길을 찾다

이든 이해든 더 쉽게 일으킨다. 난 일터에서 그렇게 배웠다. 손님을 응대할 때도 아이를 상담할 때도 직원을 설득할 때도 '그럴법한' 보편적 느낌과 논리를 공유하면 그만큼 효과가 크다. 따라서 직업과 상관없이 누구에게든 쉽게 다가가는 편안하고 설득력 있는 글이 되기를 진심으로 바란다.

혹 사회복지에 관심이 있는 분이라면, 사회복지라는 것이 어떤 모양과 색깔로 어울리고 움직이는지 그 독특한 역동성을 넌지시 접촉할 수 있을 것이다.

은쟁반의 금 사과

일터 한 곳에 몸담은 지 15년째를 맞이하고 있다. 그 기간을 통틀어 의도적인 노력의 시간이었다고 표현한다면, 앞으로 10년은 '내어 맡기는' 시간이 되기를 희망한다. '은쟁반의 금 사과'라는 잠언 구절처럼, 때에 맞는 말, 마땅한 일, 알맞은 선택이 내 삶을 이끌고 그 삶에 나를 내어 맡기고 싶다.

이 욕구가 바람에서 끝나지 않으려면, 나는 **'의도를 갖고 버둥거리는'** 행위의 삶에서 빠져나와, **'멈추어 서서 주의를 기울이고 물러서서 흐름에 맡기는'**, 노력 없는 행위의 삶으로 들어가야만 할 것이다.

늘 옆에서 지지해 준 아내와 마음을 쏟아 준 오랜 친구들에게 고마움을 전한다.

2023년 봄
길준수

차례

프롤로그 ─ 그 이상의 존엄, 길 찾기!   04

1부 ─────────── **걷다가 길을 만나다**

1장. 무작정 걸어가다   17

     01. 전화 한 통   18

     02. 숨 고르기   21

     03. 자유로운 영혼에 먹칠하다   23

     04. 도긴개긴   25

     05. 옛이야기   28

     06. 완벽한 그러나 어설픈   34

     07. 역량을 판가름하는 표지   38

     08. '문서'가 정치 한복판에!   43

     09. 쪽지 한 뭉치   46

2장.   **걷다가 만난 꽃**   53

  10. 종이 한 장 차이   54

  11. 말벌이 친절해서 그래!   60

  12. 겉과 속   64

  13. 고용 승계   69

  14. 따로 햇볕 잘 드는 곳에!   71

  15. 참여위원회   74

  16. 선인장의 피날레   78

  17. 한 발짝만 더   81

3장.   **우연히 갈림길에서**   87

  18. 내 맘대로 되지 않는다   88

  19. 아~ 복잡하다   91

  20. 가장 힘들고 많고 중요한 (업무분장)   97

  21. 일에도 순리가 있다   101

  22. 회의록을 살피다   106

  23. 마지막 방패막이   110

  24. 반쪽짜리 간담회   113

  25. 소진과 친절 사이   117

2부 ────────── **길 위에서 길을 내다**

4장. 새롭게 길을 내다 123

26. 중간 관리자 관점 124

27. 벗어날 수 없다면 즐기자! (슈퍼비젼) 131

28. 새 포도주는 새 그릇에 (제안제도) 135

29. 줄탁동시 (신입직원) 138

30. 직원 고충 처리 141

31. 폭력 앞에서 146

32. 누구나 꼰대 150

33. 관리자 덕목 154

5장. 더불어 길을 내다 161

34. 무더위 쉼터 162

35. 휴게 공간 165

36. 소통의 트라이앵글 / ① 경청 169

37. 소통의 트라이앵글 / ② 공감 173

38. 소통의 트라이앵글 / ③ 자기표현 176

39. 민주적 의사소통 180

40. 휴게 시간 & 회식 188

41. 여성 휴게실 / 직원 복지를 위한 마지막 미션 192

42. 조직의 꽃, 형평성! 196

3부 —————— 길 가다가 길이 되다

6장. 잠시 길가에 머물다   205

43. 아침 조율   206

44. 사람다워지다   210

45. 두려움을 만나다   216

46. 소통의 단계   219

47. 질서와 존중   224

48. 기억과 진실   230

49. 진정한 지지는 '나'로부터   233

50. 두 개의 길   239

7장. 길 위에서 길이 되다   243

51. 손님맞이   244

52. 씹던 껌은 휴지통으로   247

53. 은밀한 중에   251

54. 보물 있는 그곳에   255

55. 온전한 세상   259

56. 선택   263

57. 돌아가야 할 곳   267

에필로그 — 여행 속 찰나의 쉼   272

1부

걷다가
길을 만나다

낯선 시작,
처음 만난 일과 상황,
우격다짐 애씀,
그러나 그 속에서 만난
삶 & 사람 이야기

무작정 걸어가다

일터에 첫발을 내디딘 후
다양하게 펼쳐지는 상황에
마음을 맞추어 가다

01. 전화 한 통

02. 숨 고르기

03. 자유로운 영혼에 먹칠하다

04. 도긴개긴

05. 옛이야기

06. 완벽한 그러나 어설픈

07. 역량을 판가름하는 표지

08. '문서'가 정치 한복판에!

09. 쪽지 한 뭉치

01.   전화 한 통

직장에서 뛰쳐나와 백수가 되었다. 마땅한 일을 찾지 못한 지 3개월이 지날 무렵, 지인에게서 한 통의 전화가 걸려 왔다.

"나하고 같이 일해 볼래요?"

"조금만 시간을 주시죠."

기억이 잘 나지 않는다. 하루가 지났는지 이틀이 지났는지. 아내와 진지한 대화 끝에 지인에게 이렇게 응답했다.

"네, 한번 해 보겠습니다."

그 후 17년이 지났다. 나는 지금도 그와 함께 일하고 있다. 그는 에니어그램(9가지 유형으로 사람과 세상을 이해하는 인간성장 체계) 공부 중에 만난 벗이다. 마음속을 서로 들여다볼 기회가 많았다. 함께 워크숍에 참여하고, 가끔 명상수련회에도 참여하고, 고민거리도 나누었다. 그래서일까? 쉽지 않은 제안을 해 버렸고, 쉽지 않은 응답을 해 버렸다. 말이 17년이지, 그 긴 시간을 함께 일한다는 것이 쉬운 일은 아니다. 얼마나 많은 일이 있었겠는가! 어쨌든 '전화 한 통' 때문에 나는 지금 일터와 연을 맺었다.

처음 일터에 들어와 맡은 업무는 재정이었다. 태어나서 처음 접해 보는 일. 그 일이 그렇게 복잡한 것임을 미리 알았더라면 첫 제안을 거부했을 지도 모를 일이다. '이미 발을 담갔으니 젖은 발이 마를 때까지만이라도 신나게 놀아 보자' 하는 마음으로 재정 일에 몰입했다.

업무가 폭주했다. 회계가 그냥 회계가 아니었다. '맨땅에 헤딩하는 격' 에다 회계와 연결된 모든 일이 다 내 일이라 하니 미칠 노릇이었다. 거기 에 시설관리를 포함해서 운영을 지원하는 거의 모든 일이 어느 사이엔가 내 영역으로 들어와 있었다.

첫해 여름, 인터넷 카페에 올린 나의 하소연을 들어 보라.

'참 이상하다…. 왜 한곳으로 몰리는 걸까…. 많이 열 받아 있는 나를 본 다. 머리가 뜨거워지고…. 표정이 굳어지고…. 불편한 마음과 몸을 느끼 며…. 2시간을 자리에 버티고 있다…. 왜 이리 배려가 없을까? 다들 자기 입장만 내세우니…. 아서라, 잘잘못을 따져 무엇하랴…….'

그런데도 계속 남아 있었던 이유는 그 '전화 한 통'에 '예'라고 응답했기 때문이다.

직원들이 힘들어했다. 답답한 마음 좀 알아달라는 아우성에 상담 공부 좀 했다고 이리저리 끌려다닌다. 중간에서 조율하기도 하고 양쪽을 대변 하기도 하고……. 좋은 기억과 안타까운 기억이 혼재되어 있는 그런 시간 이었다. 내가 그때를 그렇게 보낼 수 있었던 것도 그 '전화 한 통'에 '예'라 고 응답했기 때문이다. 어디 그뿐이랴~! 억울한 일도, 화가 난 일도, 도저 히 이해할 수 없는 일도, 후회스러운 일도 일어났다. 그래도 계속 남아 있 었던 것은 그때 '예'라고 응답했기 때문이다.

몇 년이 지나서 정말 새로운 길을 찾아 떠나고 싶었고, 정말 떠나 보았다. 그리고 잠시 넘어져서 힘겹게 일어나려 할 때, "다시 일해 줄 수 있겠어요?"라고 내민 그 벗의 손을 다시 잡을 수 있었던 것도 그 옛날 '예'라고 응답했기 때문이다.

그래서 이제부터는 전화 한 통 '덕택'이라고 표현해야겠다. 희로애락을 진하게 경험한 최고의 기회는 '예'라는 응답에서 시작했다. 그 결과, 난 '상담심리'에 몸담아 더 깊이 세상을 이해할 수 있었다. 그 결과, 난 노동자(사회복지사)의 빛과 그림자를 충분히 느껴 볼 수 있었다. 그리고 그 결과, 지금은 한 일터의 중간 관리자로서 그 직에 합당한 역할을 감당하려고 애쓰는 중이다.

일터에서 길을 찾다

02. 숨 고르기

생애 두 번째 CT 촬영하던 날, 나는 약간의 염려와 긴장을 품은 채 기계실로 들어가 자리에 누웠다. 담당 아저씨(?)가 여러 가지 주의 사항을 설명한다. 유독 귀에 머무는 말이 있다.

"촬영하는 동안 숨을 고르게 쉬어야 합니다."

검사하는 동안 정말 고르게 숨을 쉬어 보았다. SF영화 음향 같은 기계 돌아가는 소리, 혈관을 타고 들어오는 조영제의 뜨거움, 반복되는 '숨 멈춤'의 시간….

그런데도 숨을 고르게 유지하는 것이 그리 어렵지 않았다. 줄곧 찾아온 몸과 마음의 편안함…. 평상시보다 더 편안하다니……. 이래도 되는지 모르겠다. 누구는 CT 촬영하다가 공황이 와서 죽었다 살아났다고 하던데…….

일터에서 유별나게 숨이 거칠어질 때가 있다.
누군가와 논쟁을 벌일 때
경직된 회의에 참석할 때

대중 앞에서 발표하거나 행사를 주도할 때

실수나 실패로 누군가가 나를 지적할 때

심상치 않은 두통이나 복통이 찾아올 때

숨은 얕아지고, 언제 들이쉬고 내쉬는지도 모르게 그 순간들을 힘들어하다가 몸과 마음이 만신창이가 되어 버린다. 때로는 불안과 우울이 찾아오기도 하고, 분노와 억울이 나를 짓누르기도 한다. 스트레스가 과하면몸에 이상 반응이 나타날지도 모른다.

일어나는 질문은……. 상황과 사건이 내 몸과 마음을 힘들게 하는 걸까? 아니면 고르지 못한 숨이 나를 힘들게 하는 걸까?

하던 일을 잠시 멈추고 약간 깊게 그리고 고르게 숨을 쉬어본다. 이내편안함이 찾아온다.

컴퓨터 돌아가는 소리가 유독 크게 들린다.

창문 밖 하늘이 유난히 푸르다.

이렇게 결론을 맺어야겠다.

1) 숨만 잘 쉬어도 상황에 끌려다니지 않는다.

2) 고르고 깊게 쉬는 숨이 눈과 귀를 넓혀 준다.

3) 진짜 '흔들리지 않는 편안함'은 시몬스 침대 위가 아니라, 고르게 내쉬고 들이쉬는 숨에 있다.

일터에서 길을 찾다

03. 자유로운 영혼에 먹칠하다

장마가 한창이다. 장대비가 온 동네를 휩쓸고 지나간 후, 지금은 흐린 날씨에 이따금 가랑비가 내린다. 잠시 비가 멈춘 틈을 타, 우산을 들고 출근길을 나선다. 도중, 조그만 공원에 할머니와 두세 살 된 어린아이가 놀고 있다. 갑작스럽게 가랑비가 내리기 시작한다. 어린 아기가 신이 난 모양이다. 비를 맞으며 춤을 추듯 이리저리 돌아다닌다. 떨어지는 비를 손으로 만져 보기도 하고, 얼굴에 맞은 비에 환한 웃음으로 응답한다. 이런 광경을 두고 '천진난만'이라 하는 것이겠지.

그러나 할머니의 마음은 편치가 않다. 급하게 손자를 불러 보나, 아이가 들을 리 만무하다. 얼굴에 근심과 화가 가득 차 있다.

"비가 오는데 지금 뭐 하는 거야? 빨리 이리로 안 와!"

"사람들이 쳐다보잖아!"

"다른 사람들은 우산 쓰고 피하는데, 너는 지금 뭐하는 짓이야~!"

두세 살 아이가 이 말들의 뜻을 알기는 할까? 급기야는 들고 있던 부채로 어린아이의 머리를 때리며 손을 가로채어 나무 아래로 피신한다. 다행히도 아이의 얼굴에 환한 미소가 아직 살아 있다. 곧 사라지겠지만….

아이의 환한 얼굴과 천진난만한 춤이 모든 것을 말해 주고 있다. **두세 살 아이의 눈에 비친 '비 오는 세상'은 곧 천국이었다는 것을!** 그렇게 세상은 아름답고 즐거울 수 있는데, 어른이란 작자들이 그 세상에 먹칠을 한다. 비 맞아 감기 걸리면 좀 어떤가! 사람들이 쳐다보면 좀 어떤가! **자유로운 영혼이 되는 그 순간보다, 세상을 탐험하는 그 중요한 순간보다 더 중요한 때가 어디 있단 말인가!**

그냥 두면 될 것을…. 사람들의 시선 때문에, 감기 걸릴 것 같은 염려 때문에, 그렇게 하면 안 된다는 판단 때문에, 할머니는 그렇게 하지 못했다. 이것이 우리 어른들의 현주소다. 안타깝지만, 아이의 시선에도 곧 먹물이 스며들 것이다. 천국은 사라지고, 어른들의 요구와 분위기에 휩쓸리며, 인생에서 쓴맛이 전부인 듯 그렇게 살아갈 것이다.

어른들에 의해 주눅 들었던 '내 어린 시절'이 떠오른다. 내 아이를 주눅 들게 했던 '나의 혈기 왕성한 그때 그 시절'도 스쳐 지나간다. 일터에서 교회에서 다른 공간에서 또 얼마나 많은 아이를 주눅 들게 했을까.

가랑비 내리는 출근길 아침에, 마냥 즐겁지만 않은 내 안의 먹물을 발견하며 어찌할 수 없는 '무력감'과 '미안함'에 터벅터벅 걷는 걸음만 응시하고 있다.

일터에서 길을 찾다

04.   도긴개긴

퇴근 후 피곤이 밀려온다. 저녁 식사 전 잠시 쉼을 위해 침대에 누우려는데, 이미 자리를 차지하고 있는 녀석이 있다. 우리 집 진짜 실세, 야옹이~! (돈은 내가 다 버는데, 그 녀석이 훨씬 귀여움도 많이 받고, 하고 싶은 대로 다 한다) 잠자는 중이어서 '조용히 옆으로 옮기면 되겠다' 하는 생각에 엉덩이와 머리를 살며시 잡고 옮기려는 순간, 실세 녀석이 '하악질'을 시작한다. 급기야는 성난 발톱이 내 친절한(?) 손을 할퀴고 만다.

우이시~! 때린 것도 아니고, 밀친 것도 아니고, 최대한 방해하지 않으려 살포시 옮기려는 건데…. 순간적으로 화가 치밀어 오른다. 먹여 주고 보살펴 주고, 침대도 내 침대인데, 내가 뭐 그리 잘못했다고 '하악질'에 발톱 공격까지 하지? 지난번 아내와 다투다가 약속했던 '완고한 마음 내려놓기'만 아니었어도, 아마 오늘 야옹이 제삿날이 되었을지도 모를 일이다.

서로 눈이 마주친다. 노려본다. 뭔가가 오고 가는데, 설명은 잘 안 된다. 뭐가 그리 불편했을까……. 잠을 깨워서인가? 너무 세게 잡아서 아팠나? 야옹이 어릴 적, 내 발가락을 물어 버린 것 때문에 나한테 심하게 혼난 적이 있었다. 그때 그 느낌이 되살아났나? 짧은 순간에, 여기까지 생각이 드니, 노려보던 내 눈빛이 이완되는 것을 느낀다. 그래~ 그럴 수도 있겠다. 예전에 나도 그랬었는데……

[기억1] 10살 때였나 싶다. 우리 집에 녹음기가 들어온 날, 내 생애 첫 노래가 녹음되는 순간, 옆에 있던 누나의 입에서 지나가듯 내뱉어지던 말, "넌 노래를 왜 그리 못하냐~!" 그 이후, 노래만 하려면 목소리가 떨리고, 어릴 적 그 수치심이 되살아나곤 한다.

[기억2] 교회 주일학교, 같은 반 여자애가 "너 보기보다 참 얌전하네." 라고 말했을 때, 그 말이 뭐 그리 대단하다고 버럭 화를 냈는지 모르겠다.

[기억3] 대학 시절 기숙사에서 잠을 자던 중, 코를 곤다는 이유로 나에게 베개를 던졌던 장난꾸러기 친구 녀석들. 아마 그 녀석들은 잠을 자다 그렇게 화를 내는 인사불성 젊은이를 처음 보았을 것이다.

[기억4] 10년 전쯤으로 기억한다. 일터에서 회의 중 문을 박차고 나간 적이 있다. 실무 직원들에게 사업별 예산안을 제출해 달라고 했는데, "정확한 양식까지 준비해 달라."라는 한 직원의 요구에 그만 화를 참지 못했다. 좀 더 세밀한 안내가 필요했던 모양인데 그냥 받아 주지. 무슨 억하심정이 들어 그랬는지 모르겠다.

돌아보니, 우리 집 야옹이나 나나 도긴개긴이네~!

일터에서 길을 찾다

복수한답시고 야옹이에게 해코지하지 않은 것이 너무 다행스럽다.

덕분에 아내에게 했던 약속을 지키는 첫 성공 사례가 되었다.

입장 바꿔 생각해 보고 완고한 마음 내려놓기~~^^

05. 옛이야기

이 책 속 여러 조각 글들의 배경을 이해하는 것이 좋을 것 같아, 이 이야기 먼저 시작해야겠다. 지금은 사라져 버린 '가정복지센터'는 17년 전 ○○동 주민들의 시위로부터 시작했다. 당시 한국법무보호복지공단(전 갱생보호공단)이 한 건물을 매입해 '갱생원'(출소자들의 재활을 돕는 시설)을 설치하려 하자, 혐오 시설로 판단한 지역 주민들이 극렬하게 반대했다. 100일이 넘는 시위 기간에 지역 주민들이 고생을 많이 했다고 한다. 결국, 지역 주민들의 요구를 받아들여, 그 건물은 구청 소유의 '복지시설'이 되었다.

> 잠깐, **'복지시설'**에 대해 살펴보자.
> ∨ **사회복지시설**은 '사회복지'를 효과적으로 실행하고 전달하기 위해서 조직되었다. 지자체나 법인, 개인도 설치·운영할 수 있으나, 가정복지센터 같은 여가 및 이용을 목적으로 하는 복지시설은 대체로 정부가 복지법인에 위탁하여 설치·운영하는 방식을 택한다.
> ∨ 그럼 복지시설이 전달하려는 **'사회복지'**는 무얼 말하는 걸까? 이론서에서 얘기하는 여러 복잡한 설명은 내려놓고 최대한 간단히 표현해 보면, 크게는 국민, 작게는 지역 주민의 '삶의 질'을 높이도록 다양한 영역에서 세상에 '기여'하는 서비스를 체계화하고 사업화한 것을 말한다.

일터에서 길을 찾다

작은 그러나 큰

지역 주민의 요구에 따라, 먼저 문화교실과 체력단련실, 아동·청소년 방과후교실을 시작했다. 이어서 나눔과 쉼을 위한 카페를 설치했고, 소규모나마 지역의 열악한 환경 속 지친 이들을 위한 보호 사업을 시작했다. 직원 4명이 감당하기에는 벅찰 만큼 사업 확장 속도가 빨랐다. 이후 가족 복지 사업을 신설하고 청소년 사업과 아동 방과후교실 사업을 확장하며 직원을 충원해 갔지만, 열악한 재정 상황에서 직원들의 노고가 이만저만이 아니었다.

하지만 지역 주민들에게는 센터가 사막의 오아시스 같은 역할을 했다고 믿는다. 당시 센터 주변에는 고물상 업체가 많아 지저분한 인상을 자아냈지만, 따뜻한 차 한잔 나눌 수 있는 북카페가 생기고, 취미·여가 프로그램이 늘어나면서, 주민들은 센터를 통해 쉼과 여유, 각종 문화 공간을 즐길 수 있었다.

주민들의 욕구에도 민감하게 반응했다. 덕분에 질 높은 교양강좌와 가정 회복을 위한 프로그램을 개설하고 후원 사업을 확장해 가면서, 작은 종합복지관 같은, 내용이 알찬 일터로 점차 변화해 갔다.

방과후교실, 주력 사업이 되다

처음엔 초등 저학년 20명 정원으로 방과후교실을 시작했다. 지역 청소년을 위해서는 '처럼'이라는 동아리를 만들어, 취미 활동 중심 프로그램을 진행했고, 여기에 약간의 학습 프로그램을 병행했다. 해가 지날수록 저학년 방과후교실을 졸업하는 아이들이 생겨났고, 자녀 학습에 대한 지역 주민의 욕구가 늘어감에 따라, 이후 초등 '고학년' 방과후교실이 생겨났다.

청소년 동아리도 사업을 확장하여 학습과 문화 활동, 멘토링과 인성 교육 까지 겸비한, 청소년 전문 방과후교실로 변화했다.

초등 1학년부터 고등 3학년에 이르기까지, 많을 때는 80여 명의 아이가 센터를 가득 채웠다. 아이들의 활기찬 기운과 직원들의 열정이 어우러져 때로는 시장 한복판처럼 여겨지기도 했다. 먹거리까지 준비되는 날에는 세상에서 가장 행복한 얼굴들을 만날 수 있었다.

아이들이 많아지니 문젯거리도 덩달아 많아졌다. 다치고 흥분하고 싸우고 억울한 아이들이 생겨났다. 학습 지도와 여러 프로그램을 진행해야 하는 교사들에게는 버거운 상황이 펼쳐졌다. 이에 센터는 아동·청소년을 위한 '상담실'을 개설하는 것으로 응답했다. 심리적인 문제가 있거나 다툼과 같은 위기 상황에 상담 교사가 즉시 개입할 수 있는 프로그램을 진행했다.

처음부터 의도한 것은 아니지만, 센터는 그때그때 시대의 흐름에 적절하게 응답했다. 학구열 높은 지역 학부모들에 발맞추어 사업을 추진했고, 맞벌이 가정이 늘어나면서 부모 역할을 대신하여 다양한 예비 사회 경험을 쌓을 수 있도록 노력했으며, 예기치 않은 재난과 아픔에도 공감할 수 있는 프로그램으로 아동·청소년들의 공감 능력과 책임 의식을 고취했다. 이렇게 복지센터는 교육과 인성이라는 두 마리 토끼를 모두 잡을 수 있었다.

아… 재건축, 그러나!
당시 복지센터가 위치한 ○○동은 다른 지역에 비해 낙후된 동네로 알

려져 있었으므로, 재건축 얘기가 나오지 않을 수 없었다. 재건축 조합을 비롯해 재건축과 관련한 모든 행정 절차가 마무리될 시점에, 청천벽력과 같은 소식이 들려왔다. 6년밖에 되지 않는 복지센터 사업을 재건축 때문에 종료한다는 구청의 결정이었다.

복지센터가 없어진다는 소식이 지역 주민들에게도 전해졌다. 염려하는 소리가 이곳저곳에서 들려오기 시작했다. 그것도 그럴 것이, 재건축 지역에 속하지 않은 곳에 여전히 마을이 있었고, 돌봄이 필요한 아동·청소년과 열악한 환경 속 주민들, 여가와 쉼을 누려야 하는 이들이 그대로 남아 있었기 때문이다.

복지센터 시설운영위원들이 먼저 앞장서서 지역 주민들을 만나기 시작했다. 센터 사업 종료에 반대하는 서명 운동도 함께 추진했다. 탄원서와 서명 결과를 구청에 전달했고, 결국 복지센터를 유지하는 것으로 재결정되었다.

임시 거처에 머물다

마을 재건축이 진행되는 동안, 센터는 임시 거처가 필요했다. 여러 후보지를 물색하던 중, ○○교회(센터운영 수탁체)의 도움을 받아, 교회 교육관 2층 공간을 임시 센터로 사용할 수 있었다. 공간이 비좁아 센터 사업 대부분을 축소했다. 특히 문화강좌, 북카페, 체력단련 등 지역 주민에게 여가와 쉼을 제공했던 사업을 진행할 수가 없었다. 그런데도 크게 문제가 되지는 않았는데, 임시 거처라는 특수한 상황 때문이었다.

'임시 거처'라는 표현에서 알 수 있듯이, 잠시 머물 줄로만 알았다. 그러나 새로운 센터를 설립하기까지는 무려 6년여 시간이 더 지나야 했다.

우리는 새로운 환경에 적절히 적응해 갔다. 선택과 집중이 필요했다. 아동·청소년 방과 후 사업은 계속해서 확대했고, 가정 회복을 위한 프로그램에도 센터 역량을 집중했다. 반면 이전에 복지관처럼 추진했던 사업들은 축소하거나 현상 유지 정도에 그칠 수밖에 없었다.

새 일터를 준비하다

새로 건립할 센터로 전환하기 위한 노력도 함께 진행했다. 재건축이 진행되는 동안, 구청은 새 시설의 명칭을 'ㅇㅇ문화복지센터'로 정했다. 우리는 종종 문화복지센터에 관한 비전과 프로그램을 나누기 위해 직원회의를 가졌고, 직원들의 톡톡 튀는 아이디어도 공유했다. 결과적으로는 극히 일부가 반영되었지만, 인근 지역 문화복지 사업에 대해 새롭게 밑그림을 그려 본 경험은 이후 새 일터에서 밀물처럼 몰아치는 사업량을 감당하는데 밑거름이 되었다.

그때까지만 해도 센터가 행정적으로 사회복지시설로 등록되어 있지 않았으므로 사회복지시설로서 자리매김하기 위한 노력도 함께 진행했다. 인사 관리와 행정 체계의 수준을 조금씩 높여 갔다. 직원의 문서 작성 능력도 강화했다. 사회복지 관련 자격을 갖추기 원하는 직원에게는 시간과 공간을 허락했다. 이러한 노력 덕택에, 우리는 새로운 복지센터 위탁과정과 설립과정을 잘 마무리할 수 있었다.

2018년 5월 31일, '가정복지센터'는
ㅇㅇ동 역사의 한 페이지를 장식한 후 사라졌다.
대신에,

마치 이 지역 랜드마크가 된 듯이,
3개 자치구가 맞닿아 있는 독특한 위치에
'문화복지센터'가 우뚝 섰다.

06. 완벽한 그러나 어설픈

2016년 8월, 구청은 공모 과정을 통해 채택한 '센터 설계안'을 가지고 사업 설명회를 진행했다. 건축 디자인과 주요 건축 사항이 발표되자, 이곳저곳에서 웅성대기 시작했다.

3세대가 공존하는 완벽한 공간

완벽한 설계안이었다. '마당을 중심으로 세대가 모여 교류하고 다양한 프로그램이 각각의 채를 구성하는 3세대가 공존하는 마을 같은 집', 이것이 설계의 모토였다. 외부와 단절된 건물이 아니라 소통하는 공간을 위해 한옥의 툇마루 개념을 도입한다고 했다. 툇마루는 한옥에서 안방과 건넌방, 부엌 등의 동선을 연결해 주는 역할을 하는 생활 완충 공간이다.

설계안은 정확히 반영되었다. 현재 1층 커뮤니티 카페 외부 테라스에서 앉아 있으면, 2층 툇마루가 눈에 보인다. 그곳에서 종종 어린아이들이 노는 모습을 확인할 수 있다. 툇마루는 3층 어린이도서관에서 빛을 발한다. 3개의 외부 툇마루에서는 방향을 달리하여 센터 주변 광경을 세밀히 관찰할 수 있다. 내부 툇마루는 아이가 엄마 옆에서 책을 읽다가 누워 잠잘 수 있는 공간이 되어 있다.

설계안은 커뮤니티 형성을 위한 공간 설정에서도 돋보였다. 각 층 로비를 커뮤니티 공간으로 설계했고, 1층에는 외부와 연결한 커뮤니티 카페를, 옥상에는 텃밭과 공연 등 커뮤니티 활동공간을 배치했다. 설계로만 보면, 복지센터는 3세대가 공존하기에 완벽한 공간이었다.

착공식 에피소드

이런 멋진 설계를 누가 한 줄 아는가? 요즘 방송을 통해 매우 유명해진 건축설계사, 유○○ 씨다. 설계할 당시는 업계에서는 몰라도 대중에게는 아무런 인지도가 없었다. 지금은 TV든, 오프라인 강의든, 유튜브든 인기 만점의 유명인이 되어 있지만 말이다. 명석하고 박식하고 깔끔한 외모에 전달력까지 갖추었으니 그의 명성은 지극히 당연하다고 생각한다. 무엇보다 우리 센터 건물을 설계했지 않은가.

2017년 2월 착공식 때 일어난 일이다. 착공식은 지역 주민 500여 명이 참석한 가운데, 구청 공식 행사로서 일정한 식순에 따라 진행되었다. 귀빈 소개와 감사장 수여, 기념 축사 등 일련의 과정이 진행되던 중, 한 인사의 불쾌가 섞인 돌발 발언이 있었다. 그 인사가 바로 유○○ 씨였고, 발언 내용은 대략 이러했다.

"우리나라는 설계사를 홀대한다. 외국에서는 이런 행사에서 제일 먼저 설계사를 소개하는데, 이런 측면에서 우리나라는 교양이 부족해 보인다."

기억에 의존한 표현이라 정확하지 않을 수는 있으나, 뉘앙스는 그런대로 잘 전달된 것 같다. 일면 타당한 지적이라 생각한다. 유럽에서는 건축이 예술과 과학으로 승화되어 설계자의 위상이 높겠지만, 한국에서는 왠지 건축주가 더 중요해 보이고, 건물 크기가 더 중요해 보이고, 그 쓰임새가 더 중요해 보이는 분위기가 있으니까 말이다. 그의 의도처럼 우리나라도 예술과 문화의 선진국이 되기를 진심으로 바란다. 문제는 시기적절한 발언이었느냐이다. 지역 주민이 주인(?)인 구청 행사에서는 적절하지 않았던 모양이다. 당시 그의 발언에 동의하는 분위기는 아니었던 것으로 기억한다.

잦은 하자 발생

어쨌든 완벽한 설계에 대해서는 찬사를 보내고 싶다. 착공식 이후 공사가 시작되었다. 초기에 기초 놓는 과정에서 암반이 발견되어 공사가 지체되기는 했지만, 시간이 지날수록 웅장한 센터 모습이 드러나기 시작했다. 2018년에 들어서면서 일련의 센터 설립 과정이 빠르게 진행되었다. 사업 위탁 과정, 건물 준공 과정, 사회복지시설의 설치 과정, 개관식 등.

계획에 따라 차근차근 진행된다 싶더니, 건물에서 문제가 발생하기 시작했다. 인테리어 공사도 하기 전에 건물 누수가 발견되었다. 시공사가 해결하기로 했으나, 하자 공사 후에도 누수는 계속해서 발생했다. 장애인 편의시설에도 문제가 있어 준공 승인도 지연되었다. 이렇듯 다양한 문제가 있었음에도 센터 건립 일정에 맞춰야 했는지, 인테리어 공사는 물론, 사회복지시설 설치, 개관식 행사도 일사천리로 진행되었다. 그러나 아직 건물 준공이 떨어지지 않았다. 개관 후 몇 달이 지나서야 건축물 대장을 받아 보았던 기억이 난다.

이후에도 건물에는 여러 하자가 발견되었다. 여러 번 공사를 했으나 비가 오면 어김없이 누수가 일어났다. 건물 벽과 카페 테라스와 옥상 바닥에 사용한 원목이 뒤틀리면서 떨어져 나갔다. 건물 앞에 심은 조경 나무들이 죽어 미관을 해치기도 했다.

* * *

4년이 지난 지금도 누수는 진행 중이다. 설계는 완벽했으나, 시공은 어설펐다. 하도 답답해서 어느 공무원에게 하소연했더니, 돌아온 그의 대답이 쓴웃음을 자아냈다.

"너무 심각해지지 마세요. 여기만 그런 것이 아닙니다. 많은 공공 건축물에서 비슷한 하자가 일어난답니다."

시공사가 문제인지, 관리·감독이 문제인지는 모르겠지만, 뭔가 개선이 필요한 것은 분명해 보인다.

07. 역량을 판가름하는 표지

사회복지 업무의 반은 문서 관리에 있다고 할 만큼 문서를 어떻게 작성하고 관리하느냐가 그 시설의 전문성을 판가름하는 표지가 되기에 충분하다. 무작정 시작한 현장 업무 경험을 토대로 실무적 관점에서 문서가 어떤 역할을 하고 얼마나 중요한지 간단하게 정리해 본다.

① 운영 상황과 실적을 확인할 수 있는 유일한 수단

일터에서 사업 운영을 얼마나 잘하는지, 개별 직원이 주어진 일을 얼마나 성실하게 잘 완수하는지를 아는 방법은 여러 가지가 있다. 일차적으로 보고 들은 바를 가지고 확인할 수 있다. 시설을 오고 가는 많은 사람이 그 역할을 담당한다. 시설을 이용하는 어르신들이 지나가듯 내뱉는 평가들, 종종 찾아오는 주무 부처나 관계 기관과 협의하는 중에 나오는 일터 분위기와 인상에 관한 이야기들, 그리고 직원들의 업무 태도와 만족 상태에 관해 여러 곳에서 주워들은 이야기들 등.

때로는 사업 추진 중에 지역 사회에서 꼭 필요한 일을 찾고 적절한 서비스를 신속하게 제공하는 일도 목격한다. 가끔 보이지 않는 곳에서 말없이 궂은일을 감당하는 실무 직원의 모습도 발견한다. 이런 미담을 앞으로도 자주 들으면 참 좋겠다.

그러나 모든 것이 '말'이다. 이러저러한 말들에 대해 누군가가 "당신의 말이 정말인지 어떻게 알 수 있죠?"라고 묻는다면 어떻게 응답할 수 있을까? 결국, '문서'가 모든 것을 말한다. 이름 없이 좋은 뜻을 펼치는 것이 의미 없다는 것이 아니라, 모든 업무는 문서가 뒷받침될 때 그 성과를 객관적으로 표현하고 인정받는다는 뜻이다.

지난 5~6년간 나의 주요 업무라 하면 센터 운영 상황과 사업 추진 과정을 '문서화'하는 일이라 해도 과언이 아니다. 센터가 무엇을 하고자 하는지부터 무엇을 펼쳤고 그 결과가 어떠했으며 변화하는 환경에 어떻게 새롭게 적응해 갔는지까지, 가능하면 명확하고 구체적인 표현으로 기록하고자 했다. 또한, 이런 기록을 담아내는 문서 서식, 표현 방식, 승인 절차, 보관 등 문서 관리 수준을 높이려 노력했다. 구청 주무 부처의 지도 점검과 법인 감사 및 법인 사무국 행정 지도의 도움을 받은 바가 크다.

지금은 '센터가 무엇을 했느냐?'라고 물으면 문서로 대답할 수 있다. '어느 직원이 무슨 일을 어떻게 했느냐?'라고 물으면 역시 문서로 대답할 수 있다. '추진 사업의 결과는 어떠하고 이용인의 반응과 만족도는 어떠하냐?'라고 물어도 역시 문서로 답할 수 있다. 그리고 앞으로 어떻게 하려느냐라고 물어도 문서로 답할 수 있다. 결국 "사업 실행 능력과 시설 운영 능력은 문서 작성과 문서 관리의 질에 달려 있다."라고 말해도 그리 틀린 말은 아니라 생각한다.

② 최종 증거 자료

일과 사람의 잘잘못을 따지는 것에 있어서 결국 최종 판단은 증거에 달려 있다. 당연히 문서가 그 역할을 한다. 인사와 관련한 문제나 인권과 관련한 문제는 더욱 그러하다. 한 사람의 직원이 입사해서 무슨 일과 직책을 맡고 어떻게 퇴사를 하게 되는지를 명확하게 기록하는 것이 시간이 지날수록 중요한 일임을 깨닫는다. 휴가를 비롯해 여러 복무 상황을 확인하고 기록하는 것 또한 중요한 일이다. 포상을 하고 징계를 내리는 과정과 그 결과를 기록에 남기는 것도 두말할 나위 없이 중요하다. 평상시에는 기록을 남기는 것의 효용 가치를 모르고 지나가지만, 법적인 문제나 책임 소재를 가려야 하는 상황에서는 사소한 기록이 매우 중요한 역할을 하며, 어떤 경우는 기록을 누락하거나 남기지 않은 것에 대한 책임을 묻게 될 수도 있다.

지난 몇 년간 손에 꼽을 정도이기는 하지만, 인사와 인권에 관련한 여러 문제가 발생했다. 처리 과정에서 깨닫게 되는 것은 정확한 사실을 확인하지 않거나 두루뭉술하게 기록한 문서가 매우 위험할 수 있다는 것과 절차적 정당성을 유지하지 못할 때 분란이 증폭한다는 것이다. 예민한 사안일수록 더욱 명확하게 기록해야 한다. 분쟁 가능성이 있는 것일수록 사실 관계를 철저히 파악하고 절차적 하자가 없도록 심혈을 기울여야 한다. 이를 위해서는 논의 절차와 각종 서류 관리 시스템을 지속적으로 보완할 필요도 있다. 결국, 기록 문서가 모든 것을 말한다.

③ 직원의 전문성과 창의성을 드러내는 통로

우리 일터에서는 직원 채용 과정에서 언제나 문서 작성 능력을 확인한

일터에서 길을 찾다

다. 채용한 후에도 신입 직원 교육을 통해 각종 문서 작성법과 절차를 제공하고 있다. 그리고 매년 각종 절차 교육을 통해 직원의 문서 기록 능력을 보강하고 있다. 어쩔 수 없다. 직원의 전문성을 확인할 종착지는 결국 문서 작성과 문서관리 능력에 있기 때문이다.

공유하는 문서를 정확히 이해하고 일정한 절차와 양식에 따라 문서를 작성하며, 추진하는 일과 자신의 관점을 단순명료하게 표현할 수 있을 때, 그리고 여기에 실행력과 협업 능력이 갖춰지면, 우리는 그를 역량이 뛰어난 사람으로 평가한다. 믿고 맡길 수 있는 일들이 많아지게 된다. 결과적으로 그를 통해 센터 역량이 커질 수밖에 없다.

문서는 행정 수단을 넘어서서 직원의 창의성을 드러내는 통로이기도 하다. 수시로 예상하지 못한 일들이 일어난다. 지역 환경이 변화하고 정책이 달라지고 지역 주민의 필요 욕구도 변화한다. 이런 변화에 적절히 대응하기 위해서는 직원의 창의성과 창조적 실행력이 무엇보다 중요하다. 이것이 효과적으로 발현되지 않을 때, 현실에 맞지 않는 이전 방식을 무미건조하게 적용하는 우를 범하기 쉽다.

우리 일터는 직원의 창의성과 자발성을 끌어내는 통로로 제안 제도를 활용하고 있다. 기발한 아이디어를 실현 가능하고 효과적인 사업으로 구체화하여 계획서를 제출하면 일정한 심사 절차를 통해 보완한 후, 이를 실행하게 된다. 관건은 사업 계획서를 어떻게 작성하느냐에 달려 있다. 아무리 좋은 아이디어도 글로 표현하지 않거나, 현실과 접목할 수 없거나, 여러 심사 위원을 설득할 수 없다면, 그저 생각에서 끝날 뿐이다.

결국, 문서로 자기 생각을 효과적으로 표현할 수 있는 능력의 수준에 따라, 개별 직원뿐 아니라 조직 전체가 가진 전문적 역량 수준을 판가름하게 될 것이다.

일터에서 길을 찾다

08. '문서'가 정치 한복판에!

법무부 장관 가족의 표창장 위조 사건으로 온 나라가 들썩거렸다. 이어서 영부인의 과거 이력서상 학력과 경력의 오기, 논문 표절 논란 등으로 정치적인 대립이 극에 달했다. 아직도 그 여파가 계속되고 있다. 이들의 행위뿐 아니라, 그 행위를 판단하고 법적 처리하는 과정 역시 공정하지 않다는 생각에 한동안 고개를 갸우뚱거릴 수밖에 없었다.

그러나 내 삶을 되돌아보는 계기도 되었다. 지금 정치 이야기를 하려는 것이 아니다. 의도했든지 안 했든지 위의 일련의 사건들 중심에는 '문서'가 있다. 이전에는 사소했던 것이 너무 중요한 일이 되었다. 만약에 법무부 장관의 표창장을 검증하는 방식으로 우리 사회 모든 기관을 검증한다면 어떤 일이 벌어질까? 촘촘한 거미줄을 빠져나갈 수 있는 사람이나 기관이 남아 있기는 할까?

방학 일기 쓰기

그동안 나는 기록과 문서에 얼마나 정직했을까? 초등학교 저학년 시절, 방학이 되면 학교 숙제로 '방학 일기 쓰기'가 있었다. 매일 일기를 쓰면 아무런 문제가 없는 숙제인데, 어디 그게 마음대로 되던가! 개학을 며칠 앞

두고 한 달 가까이 밀렸던 일기를 하루 이틀 만에 완성해야 했다. 경험해 본 자는 알 것이다. 이보다 괴로운 일도 없다.

아무리 머리를 쥐어짜도 쓸거리가 떠오르지 않을 때, 내가 선택한 마지막 수단은 누나 일기를 몰래 베끼는 것이었다. 이 일이 다른 누구에게 피해를 주는 것은 아니었지만, 요즘 문제가 되는 위조나 표절도 그 일 속에다 들어 있다.

봉사 활동 확인서

예전 가정복지센터에서 있었던 일이다. 청소년 방과후교실을 운영했으므로 인근 중·고등학교와 연계하여 청소년 자원봉사 활동을 제공했다. 복지시설에서 청소년들이 할 수 있는 일이 많지 않았기 때문에 봉사 활동은 주로 '청소하는 일'이었다. 질풍노도 시기 아이들이 청소를 잘하면 얼마나 잘하겠는가! 대부분 억지로 청소한다. 20분이면 끝날 것을 1시간에 걸쳐 청소한다. 마음 같아서는 '봉사 활동 확인서'를 발급해 주고 싶지 않을 정도다.

반면에 시키지도 않은 일까지 알아서 열심히 하는 성실한 친구들이 간혹 있다. 당연한 일이 고마운 일처럼 다가와, 뭐라도 주고 싶은 심정이 된다. 그런 아이에게 내가 해 줄 수 있는 최고의 배려가 있다. 그것은 봉사 활동 시간을 조금 늘려 주는 것이다. 30분 청소한 것을 1시간 한 것으로, 1시간 20분 청소한 것을 2시간 한 것으로 말이다.

어느 날 갑자기 중범죄로!

그런데 지금 이런 것이 문제가 되고 있다. 감옥에 갈 정도로 심각한 범죄라 여겨지지 않지만, 요즘은 감옥에 갈 수 있는 심각한 범죄가 되어 버렸다. 정치적인 특수한 상황에서 벌어지는 일들인 것은 분명하지만, '정직'이라는 차원에서는 우리 사회가 한 단계 성장하는 계기가 될지도 모르겠다. 어쨌든 우리 사업장의 문서 관리 수준을 점검해 보아야 하는 것은 너무 자명한 일이 되었다.

쟁점이 되기 전에 미리!

현재 우리 일터는 운영 규정을 통해 문서 관리에 관한 원칙과 절차를 잘 마련해 놓았다. 적용 실태를 점검해 보니 대부분 잘 지켜지고 있으나, 문서 보존과 폐기, 업무 매뉴얼 작성, 위임 전결, 개인 정보 처리, 각종 증명 서류 관리 등에서 관리의 질을 높일 필요가 있었다.

지도 점검, 감사 등 시설을 평가하는 과정에서 아직은 '문서 관리'가 쟁점이 되지는 않고 있다. 인사 관리나 재정 관리가 더욱 중요하기 때문이다. 그러나 정치적으로 표창장이 문제가 된 이상, 향후 어느 시기에는 문서의 보존부터 폐기에 이르기까지 문서를 얼마나 잘 관리하고 있는지에 대해 철저히 검증하는 과정을 밟을 것으로 예상해 본다.

허술한 관리로 충격에 휩싸이지 않도록, 지금 발견한 미흡한 부분부터 하나하나 해소하는 노력이 필요하다. 일의 경중을 따져서 중요한 일부터 완결해야겠지만, 문서 관리라는 것이 일상적인 업무 성격을 가지므로, 업무 공유와 점검, 직무 교육을 통해 모든 직원이 함께 참여하고 관심을 유지하여 문서 관리의 질을 높여야 할 것이다.

09.   쪽지 한 뭉치

책상에 앉아 컴퓨터 모니터와 한 몸이 되어 일에 몰입해 있다가도 번뜩 스쳐 지나가는 생각이 있다. 사건·사고를 접하고 난 후 한숨 쉬고 앉아 있다가 번뜩 아이디어가 떠오르곤 한다. 새 동료를 맞이하고 떠나보내는 사이, 오고 가는 관계 속에서 의미를 부여한 말들이 툭 튀어나온다. 이런 '생각 손님'들이 금방 사라지는 것이 아쉬워, 메모하는 습관이 생긴 지 오래다 보니, 쪽지가 한 뭉치가 되었다.

일부분은 사업 구상과 문제 해결에 반영했다. 일부분은 분명 의미가 있어 써 놓았을 텐데, 해석이 잘 안 된다. 업무에 반영한 것은 제외하고, 선별해서 이곳에 싣는다.

괴로움 속 한 줄기 빛

추운 겨울날 따스한 햇살 받으며 마루에 누워 있는
나른한 고양이가 왜 그리 부러울까.
추워서도 아니고 따뜻해서도 아닌 '추위 속 따뜻함'
무더위 속 아이스크림, 사막의 오아시스…….
진짜 삶은 괴로움만 있는 것도 아니고 기쁨만 있는 것도 아닌,
'괴로움 속에서 비치는 한 줄기 소소한 기쁨' 아닐까!
그렇게 만족하는 듯 보이는,
어릴 적 내 기억 속 고양이가 부러운 하루다.

대안 없는 문제 제기의 위험성

아무런 대안이 없는 문제 제기는 누군가를 막다른 골목으로 몬다.
막무가내로 떼쓰는 어린아이 앞에서 어찌할 바 모르는 엄마처럼!
나에게는 지혜로운 사람, 책임지는 사람, 내가 좋아하는 사람이란
이제 보니, 대안을 가지고 문제를 제기하는 사람이었다.
진정한 '자기 목소리'는 문제 제기에 있는 것이 아니라,
대안을 내놓고 합리적으로 설득하는 것에 있다.
만약 대안이 없다면,
그때는 문제 제기가 아니라 '협의하고 협력하는' 일만 남는다.

물렁물렁

커피 마시며 오고 가는 대화 속에,
한 동료가 "사람만큼 변하지 않는 것도 없다."라고 말한다.
"그래서 사람에게 기대할 것이 없다."라고 다른 누군가가 맞장구
친다.
나도 모르게 고개를 끄덕였다.
그러나 정말 변하지 않는 걸까? 내 한쪽 마음은 아니라 한다.
큰 틀의 성격과 성향은 반복할지 모르겠다.
하나의 습성이 오래갈 수도 있다.
그러나 사람이 정말 옛날과 똑같은가?
굳어진 신념에 매이지만 않으면,
날마다 순간마다 우리 몸도 마음도 세상도 물렁물렁 변하고 있다.
모든 것이 변한다는 사실만 안 변할 뿐~!

좌우명

또다시 봄이다.
봄은 보고 찾고,
여름은 열고 알고,
가을은 가고 맺고,
겨울은 결이 만들어진다.
길 찾고, 길 가다가, 길이 되다.
찾고…. 가다가…. 되다.

진면목

나 없는 나…!
말 없는 말…! 길 없는 길…!
생각 없는 생각…!
만족 없는 만족…!
진리 없는 진리…!
자기 없는 자기…! 몸 없는 몸…!
숨 없는 숨…! 신 없는 신…!
나 없는 나…!

일터에서 길을 찾다

깊이

숨이 깊어야 한다.
짧은 숨은 몸과 마음을 상하게 할 뿐이다.
생각이 깊어야 한다.
짧은 생각은 알아차릴 새도 없이 내 속도 네 속도 뒤집어 놓는다.
'생각에서' 보지 않고 '생각을' 볼 수 있다면 좋으련만!
감정도 깊어야 한다.
그 감정이 곧 그 사람이다. 깊은 감정이라야 사람이 된다.
시선도 깊어야 한다.
겉만 보고 판단하는 바보가 되지 않으려면!

깊은 데로 가 그물을 던지라 했다.
깊이 바라보고, 깊은숨 쉬고, 깊이 생각하고, 깊은 감정을 만나고,
그렇게 깊이 또 깊이 내려가야 한다.

일터에서 힘들어하는 이유

∨ '일하는 만큼 보상이 되지 않는다'고 여길 때
∨ '다른 직원과 형평성이 맞지 않는다'고 여길 때
∨ '안전하지 않다'고 여길 때

모든 불만과 스트레스 기저에는
이런 신념이 도사리고 있다.

상한 감정 앞에서

오늘 힘겹게 얘기를 꺼내셨을 텐데,
제가 충분히 ○○님 입장에 서지를 못 했군요.
충분히 공감하고 사과했어야 했는데,
집에 돌아오는 길에 되돌아보니 100% 그러지를 못했습니다.

2층으로 자리를 옮기는 것에 대해
충분히 논의하지 못한 점 미안합니다.
2층 공간을 이리저리 살펴보는 중에
○○님이 느꼈을 부정적 감정을 인지하지 못한 점도 미안합니다.
그리고 오늘 힘겹게 얘기를 꺼내셨을 텐데,
온전히 공감하지 못한 점도 미안합니다.
굳이 제 입장을 얘기할 필요는 없었는데,
불필요하게 언급한 점도 미안합니다.

제가 사려 깊지 못했어요. 아직 제가 많이 부족하네요.
이번 일로 좀 더 돌아보겠습니다.
속상한 마음이 확 풀리면 좋겠습니다.
이성으로나 감정으로나 깔끔하게 해소되기를 기도하겠습니다.
이후에도 혹 남은 감정이 있다면 언제든 말씀해 주세요.
제가 잘 듣겠습니다.

삶의 기본기

일단 멈추라. 움켜잡은 손을 펴라.
잘못된 것이 없다. 아무것도 바꾸거나 고칠 것이 없다.
그저 호흡하면서 모든 것을 있는 그대로 놓아두라.
그렇게 지금 순간에 머물라.
지금이 전부다.

미완의 미션

사회복지든 개인 삶이든 멈출 수 없는 지향점은
'삶의 질 향상'에 있다.

어떻게 가능한가?
문서에서 사람으로~, 곁가지에서 본질로~!
생존에서 기여로~,
애써 붓는 헌신에서 흘러넘치는 풍요로~!
자기 비하 · 자기 회피에서 자기 성찰로~,
자기 성찰에서 자기 긍정으로~!
복잡다단한 세상에서 중심 찾기,
그리고 중심 잃지 않기!

2장

걷다가 만난 꽃

좌충우돌 일터 속에서 만난
가슴 훈훈한 에피소드로
삶과 사람을 생각하다

10. 종이 한 장 차이

11. 말벌이 친절해서 그래!

12. 겉과 속

13. 고용 승계

14. 따로 햇볕 잘 드는 곳에!

15. 참여위원회

16. 선인장의 피날레

17. 한 발짝만 더

10. 종이 한 장 차이

오후가 되면, 복지센터는 방과후교실에 다니는 80여 명의 아이로 붐빈다. 시장 한복판처럼 시끌벅적하다. 활기찬 기운이 가득하여, 담당 사회복지사들도 덩달아 열정을 불태우게 되는데, 여기에다 먹거리까지 준비되면 아이들은 세상에서 가장 행복한 얼굴이 된다.

1석 3조 상담 프로그램

그러나 아이들이 많은 곳엔 언제나 문젯거리가 따라오기 마련이다. 다치는 아이, 흥분하는 아이, 소리 지르는 아이, 싸우는 아이, 우는 아이, 억울한 아이 등등. 천국 같던 일터가 한순간에 문제 아이 집합소가 되어 버리곤 한다. 이럴 때, 유독 담당 선생님들이 힘들어하는 상황이 있다. 두 아이가 극심한 감정 대립 후 화해의 기미가 보이지 않을 때이다. 대립이 심할 경우, 치고받고 싸우는 상황까지 간다. 수업을 진행하랴, 아이들을 돌보랴, 거기다가 애들 싸움까지 해결하랴…. 선생님들의 노고가 이만저만이 아니다. 왁자지껄한 시장보다 조용한 산책길을 즐겨 찾는 성향이라면, 오래지 않아 미쳐 버릴지도 모를 일이다.

가끔 싸움을 조정할 여력이 없는 선생님은 두 녀석을 상담실로 데려오곤 한다. 한 20~30분 애들하고 이야기를 주고받다 보면, 나름 다툼은 정리되고 뚜껑 열린 감정도 잦아들어, 애들을 다시 교실로 돌려보낸다. 얼마 후부터는 아예 '문제 해결 상담'이라고 해서, 다투거나 대립 상황에 놓인 아이들을 대상으로 상담자가 즉시 개입할 수 있는 프로그램을 진행했다. 다툼이 심해지는 것과 아이들의 감정의 골이 깊어지는 것을 막고, 담당 선생님의 고충도 덜고, 상담자의 존재 이유도 극대화하고…. 1석 3조의 효과 만점인 상담 프로그램으로 기억된다.

누구나 미칠 때가 있다

일터에서 근무하는 동안 갈등 관계에 있는 사람들을 자주 만난다. 그들의 고통과 분노, 억울함에 귀 기울이다 보니, 어느덧 인간이란 괴상한 존재가 눈에 보이기 시작한다. 인간에 대해, 관계에 대해, 나름 정리된 생각들이 점점 내 머릿속을 채워 가는 중이다.

인간은 누구나 미칠 때가 있다. 평소에는 유쾌하고, 선하고, 이성적인 사람일지라도 어느 순간이 되면 미쳐 버린다. 양상도 다양하다. 극도의 분노, 불안, 우울…. 누가 봐도 이해가 안 되는 상황이 벌어진다. 유독 그 상황, 그 행동, 그 말에 대해, 반응 정도가 너무 세다. 그 순간만큼은 미친놈이 되어 버린다.

누구나 그러니, 자신이 그렇다고 너무 자책하지는 말자. 우리는 모두 **선과 악의 양면성을 가진, 위대함과 찌질함을 동시에 가지고 있는 괴상한 창조물**이니까!

관계 게임 끝내는 법

(1) 감정이 상한 상태에서는, 특히 억울함이 해결되지 않고는 그 어떤 관계도 개선되는 법이 없다. 내 행동, 내 감정, 내 생각에 대한 일차적인 존중이나 배려를 경험하지 못하면, 나의 감정 게이지는 절대로 내려가지 않는다. 그래서 두 사람 사이에서 일어난 대립을 해결하기 위해서는 가장 먼저 이 부분을 다뤄야 한다. (2) 어떤 행동이건 그 행동이 '그 순간에는 그럴 수밖에 없었음'을 이해받는 것이 꼭 필요하다. (3) 그런 다음, 서로 원하는 것이 무엇인지를 살펴서, 그것을 상대가 받을 수 있다면, 그 다음 단계는 저절로 진행된다. (4) 바로 자신의 잘못을 인정하고 사과하는 것!!! (5) 사과를 상대가 진정성 있게 받는 순간, 모든 게임은 끝난다.

위대함과 찌질함의 차이

인간의 위대함과 찌질함의 차이는 정말로 종이 한 장 차이다~! '하나의 행동'을 하느냐 안 하느냐가 인간을 위대하게도 찌질하게도 만들 수 있다.

다투는 아이들이 상담실에 들어오면, 어찌어찌해서 간신히 화해시켜 돌려보낸다. 여기에는 중간에서 들어주고, 공감해 주고, 정리해 주고, 조정해 주는 조정자의 역할이 필요하다. 조정자의 역할이 크면 클수록 또는 강압적이면 강압적일수록, 그 관계는 뒤끝이 깔끔하지 않다. 이런 관계는 시간이 흘러야만 해결되거나, 다시금 대립 관계로 갈 여지가 크다.

그러나 이런 대립 관계 속에서 인간의 위대함이 빛을 발하기도 한다. 아니 인간의 위대함은 항상 위기 속에서만 빛을 발하는지도 모르겠다. 그 위대함이 뭔지 궁금하지 않은가?

일터에서 길을 찾다

인간은 체면 구기는 것을 지극히도 싫어한다. 잘못 보이고 싶지 않다는 말이다. 그래서 먼저 손을 내밀지 않는다. 이것이 보편적인 인간의 모습이다. 그래서 인간의 위대함은 이 행동에 있다. 바로 '먼저 손을 내미는 것!'

정말 쉽지 않은 행동이다. 자존심을 넘어서야 하고, 손해 볼 것 같은 위험을 감수해야 한다. 어른도 아이도 쉽게 할 수 있는 행동이 아니다. 그러나 나는 이곳 일터에서 일하는 동안, 비록 손에 꼽을 정도이긴 하지만, 그 행동을 보고 들었다.

먼저 손 내밀기

방과후교실에 '절친'인 두 아이가 있었다. 어느 날 심하게 다투더니, 거의 1년 가까이 절교 상태로 지냈다. 한 아이는 방과후교실을 그만두었다. 다른 한 아이는 감정 기복이 심해서 다루기가 쉽지 않다는 담당 교사의 의뢰로 상담을 진행 중이었다.

상담 회기가 중반쯤 되던 어느 날, 그 아이에게서 놀라운 일이 일어났다. 상담 중에도 절대로 먼저 말 걸지 않겠다고 극도의 감정을 드러냈던 아이가 용기를 내어 절교했던 친구에게 화해의 손을 내민 것이다. 평생 얼굴 안 보고 살 것 같았는데, 신기하게도 두 녀석은 다시 절친이 되었다. 물론 그만두었던 방과후교실도 다시 등록했다.

겉에서 보기엔 절대 해결되지 않을 것 같은 문제나 관계도 손을 내밀거나 고개를 숙이는 순간 혹은 용서를 구하는 단순한 말과 행동으로 한순간에 녹아 버리는 것이 우리 인간의 독특하면서도 본질적인 삶의 한 장면이다. 이성으로는 이해가 안 될지라도 그런 일들은 종종 우리 주변에서 벌어진다. 이것이 인간의 위대함 아닐까!

또 하나 기적 같은 일이 있다. 방과후교실에 다닌 지 얼마 안 되는 한 아이가 교실에서 함께 공부하는 친구 하나 때문에 스트레스를 많이 받고 있었다. 그 친구의 말과 행동하는 모든 것이 맘에 들지 않았다. 서로 비난하는 일이 잦았고, 종종 몸싸움도 하다가, 결국 상담실을 찾았다. 상담실에서도 뾰족한 수가 없어 단지 문제 해결에 도움이 될 만한 몇 가지 조언을 해 준 것이 전부였다.

2주가 지나서, 그 녀석이 내게 다가오더니 "제가 먼저 코코아 한잔 사 줬어요." 하는 것이 아닌가! 예민하게만 보였던 그 아이가 그렇게 멋져 보일 수가 없었다. 그 이후 둘 사이엔 딱히 문제가 될 만한 일들이 일어나지 않았다.

아마도 코코아를 사 줬던 그 용기 있는 행동이 눈에 끼어 있던 색안경(모든 행동을 맘에 안 들게 보게 하는 인식 틀)을 모두 없애 버린 것 같다.

위대함은 멀리 있지 않다

아이들뿐 아니라, 어른들 세계에서도 이런 일은 똑같이 일어난다. 살다 보면 감정도 상하고, 억울하고, 이해할 수가 없는 일이 벌어진다. 정말로 미친 것같이 말하고 행동하는 사람이 옆에 있고, 그것을 보고 있는 나는 더 미쳐 버릴 것 같은 때가 있다. 그러나 먼저 손을 내미는 위대한 행동이 깃들면, 한순간에 상황은 180도 달라진다. 물론 자존심과 부정적 감정의 노예가 되어 가만히 앉아 있으면, 상황은 더욱 악화할 수밖에 없다. 그렇게 나는 지난 긴 세월 동안 몇몇 좋은 친구를 잃어버렸다. 이젠 그렇게 살고 싶지 않다.

비록 '찌질이' 모습을 여전히 갖고 있지만,
'손을 내미는 일'에 인색하지는 말아야겠다.
짧은 순간 체면을 구기면 된다.
위대함은 멀리 있지 않다.

11. 말벌이 친절해서 그래!

무시무시한 불청객

8월 무더위가 한창인 어느 날, 방과후교실로 무시무시한 불청객이 찾아왔다. 7~8살 애들을 열광시켰던 만화, 〈꿀벌 하치의 모험〉에서 최고의 악당이었던 그 곤충, 말벌~! 센터 건물 옆에 조그만 산이 있다 보니, 봄·여름철이면 종종 벌레가 방과후교실 안으로 들어온다. 파리·모기 정도는 다들 쉽게 처리하지만, 낯선 곤충, 특히 말벌이 들어오면 한동안 그곳은 난리가 난다.

그날도 그랬다. 아이들뿐 아니라 선생님들도 난리다. 까무러치고, 비명을 지르고, 이리저리 도망 다니다가 결국 그 넓은 교실에 곤충 한 마리만 남겨 놓고 모두 빠져나왔다. 새끼손가락보다도 작은 미물이 지구 최고 포식자들 열댓 명을 한순간에 몰아내 버리다니……. 불가사의가 따로 없다.

결국, 해결사로 최종 선택되는 것은 상담 선생이다. 자기들 상담해 준다고, 벌레들도 상담해 주는 줄 아나 보다~^^

직원 중에는 시설관리를 담당하는 사회복지사가 있다. 그러나 맡은 업무가 많아, 신나는 교실(초1~3)과 관련한 일은 주로 '길가이버'(미국 드라마 〈맥가이버〉에서 따온 것으로, 이것저것 잘 고치고 문제를 해결한다고 해서 상담 선생에게 붙인 별칭)가 맡는다. 뭐 대단한 일을 처리하는 것은 아니다. 전기 비품을 조작하거나, 고장이 난 가구를 손보거나, 벽에 못질한 후 칠판 거는 일 같은 사소한 일을 한다. 하지만 에어컨 바람이 잘 나오도록 종잇조각을 송풍구에 끼워 넣는 것만으로도 여자 직원들 눈에는 대단한 능력자로 보이나 보다.

요즘은 시설관리나 비품 관리 수준을 넘어섰다. 문제가 생기면 으레 상담 선생을 찾는다. 아이가 아프면 병원에 가기도 하고, 여름 캠프 물건도 사러 간다. 때로는 아이들 부모도 만나고, 행사 시엔 경호원 역할도 한다. 창문으로 찾아온 불청객 곤충까지도 길가이버의 손길이 필요하니……. 가끔 상담보다 소방관이나 보육교사에 더 잘 어울리는 듯한 착각이 들 때도 있다.

전격 유인 작전

처음 이야기로 돌아가자. 아이들과 선생님을 교실에서 쫓아낸 말벌을 어찌할 것인가? 우선, 겁먹은 아이들 앞에서 태연한 모습을 보여야 한다. 실은 나도 말벌이 무섭다. 어릴 때 벌한테 많이 쏘여 봐서 그 아픔도 익히 알고 있다. 그러나 해결사로 부른 이상, 주눅이 들면 안 되겠지!!!

난 곤충을 좋아하지 않는다. 그러나 혐오스러워할 정도는 아니다. 그래서 집 안에 곤충이 들어오면, 모기와 바퀴벌레를 제외하고는 웬만하면 살려서 내보낸다. 무섭든 징그럽든 게네들도 살아 보고자 애쓰는 건데, 힘세다고 함부로 죽이면 안 될 것 같아서, 어려서부터 그렇게 습관이 되었다.

이 습관 때문에 그다음 필요한 것이 도구이다. 말벌을 창가로 유인하든지, 말벌을 붙잡을 수 있는 것이면 된다. 딱히 도구가 없을 때는 그냥 휴지를 여러 겹 싸서 활용하기도 한다. 그날 사용한 도구는 내 기억에 배드민턴 채가 아니었나 싶다. 배드민턴 채를 말벌 옆에 조심스럽게 갖다 놓자, 바로 말벌이 달라붙는다. 문밖에서 유심히 지켜보던 아이들의 웅성거림이 들린다. '짜식들, 얼마나 신기하겠노~ 후후'

지금부터가 중요하다. 말벌이 날아가 버리면 처음부터 다시 시작해야 한다. 무엇보다 지켜보던 애들이 불필요하게 겁먹는다. 그래서 아주 조심스럽게 말벌을 태운 배드민턴 채를 창가로 옮긴다. 8살짜리들의 숨죽임이 전해진다. 잠시 침묵이 흐른 뒤, 미리 열어 놓은 창문 밖으로 배드민턴 채를 내민다. 그다음은 채를 마구 흔들어 말벌을 떨어뜨린 후 얼른 창문을 닫는다. 미션 완료! 그날은 유독 일이 잘 풀린 날이다.

왜 선생님 말만 들어요?

"애들아~, 이제 됐다. 다들 들어와라."

들어오면서 나를 바라보는 아이들의 눈빛이 재밌다. 초등 1년생 눈에는 내가 정말로 '만능 해결사'로 보였나 보다. 교실을 나오면서 말했다.

"애들아 이제 괜찮지?"

"네~"

"그럼 선생님께 박수~"

짝짝짝~~~ 그때 그 박수 소리는 진심 어린 진짜 박수였다.

몇 주 후에 똑같은 일이 또 벌어졌다. 말벌을 창문 너머로 내보내자, 한 아이가 신기해서 묻는다.

"선생님, 왜 말벌이 선생님 말만 들어요?"

"그건 말이야, **말벌에게 친절하면, 말벌도 친절해져서 그래!**"

어떤가? 최고의 현답 아닌가!!! 길가이버의 생명 존중 사상(?)을 아그들이 알아 들었으려나 몰라~! ^^

12. 겉과 속

말썽꾸러기 양○○. 초등 2년생, 짧은 밤송이머리. 이 녀석을 보면 마치 도토리가 굴러다니는 것만 같다. 날렵하고 힘이 세서 놀이든 시합이든 그 녀석을 이기는 아이가 거의 없다. 아마 운동도 한두 살 형들보다도 더 잘할 것이다. 눈치가 빠른 걸 보면 공부는…. 글쎄…. 중간 이상은 하겠지? 노련한 교사가 아니면, 진짜처럼 말하고 합리화하는 이 녀석의 언변에 놀아날지도 모를 일이다.

담당 보육 선생도 아니고 공부를 가르치는 것도 아닌데, 상담 선생인 내가 이런 걸 어떻게 아냐고? 그냥 방과후교실을 오가면서 그 녀석이 놀고 있는 모습을 잠깐씩 보는 것만으로도 충분하다. 그만큼 이곳 일터에서 둘째가라면 서러울 만한 말썽꾸러기 중의 말썽꾸러기이다.

순식간에 벌어진 일

어느 날, 출근길에 사무실로 가는 엘리베이터를 탔다. 2층 엘리베이터 문이 열리는 순간, 로비에서 정신없이 놀던 꼬마 녀석들 네다섯 명이 시끌벅적 다가와 반갑게 인사를 했다. 품에 안기는 아이, 손 흔드는 아이, 자기 보아 달라고 애써 눈을 맞추는 아이, 고래고래 소리 지르는 아이…. 그런데, 그중 한 녀석이 다가오더니 갑작스럽게 내 사타구니에 손을 넣는 것이 아닌가! 그런 다음, 나의 소중한 그곳(?)을…! 으~으~!!!

순식간에 벌어진 일이라, 뭘 어떻게 할 수 있는 상황이 아니었다. 잠시 모든 몸짓과 말문이 그대로 굳어 버렸다. 그러나 그 순간에도 그 녀석의 입가엔 여전히 함박웃음이 가득~~!! 이건 뭐지…?

"어, 이게 무슨 행동이야? 거기는 함부로 만지는 곳이 아니야."

나는 당혹스러움을 이렇게라도 표현해야 했다. 그리고 그 녀석의 행동이 나쁜 것이라는 것도 전하고 싶었다.

"(엄한 표정으로) 다시는 그러면 안 돼!"

녀석은 잠깐 움찔하더니, 이내 장난스런 표정으로 다시 돌아왔다. 그리고는 아무 일 없다는 듯이 시끌벅적한 도토리 무리 속으로 들어가 버렸다.

"별 녀석이 다 있군. 역시 소문대로야."

나는 혼잣말로 중얼거렸다. 그렇게 대수롭지 않은 듯 상황이 마무리되었다.

또 다시!

2주쯤 지난 어느 날이었다. 그날도 출근길 엘리베이터를 타고 있었다. 중간에 문이 열리더니 한 무더기 아이들이 몰려들었다.

'이런! 그때 그 녀석들이다.'

서로 반갑게 인사를 했다. 그러나 잠시 후, 눈 깜짝할 사이에…. 또다시, 누군가가, 내 그곳을~ 으~~~!

그때 그 녀석이었다. 이번엔 정말 그냥 지나쳐서는 안 될 것 같았다. 아이들 앞에서 꽤 큰 소리로 그 녀석의 행동을 나무랐다. 다른 아이들은 그 영문을 모르는 표정이었다. 그럴 수밖에 없지. 한순간에 일어난 일을 그 누가 알아챘겠는가! 아마도 나를 '아무 때나 화내는 성마르고 괴상한 선생'쯤으로 여겼을지도 모른다. 그래도 명색이 상담 선생인데….

순한 양이 되다

아무튼, 내 표정과 고함이 예사롭지 않은지, 양○○ 얼굴이 급하게 굳어졌다. 로비 엘리베이터 문이 열리고, 우르르 빠져나가는 아이들 사이로 그 녀석도 함께 빠져나갔다.

"양○○, 잠깐 선생님 좀 보자!"

그냥 지나치기에는 사안이 사안인 만큼, 뭔가 조치가 필요할 것 같았다. 사무실로 함께 들어왔다. 직원들과 인사를 나눈 후, 그 아이를 데리고 바로 상담실로 들어갔다. 말썽꾸러기 표정이 그때만큼은 순한 양처럼 바뀌어 있었다.

"너, 이게 무슨 행동이야?"

고개를 숙인 채 아무 말이 없다.

"지난번에도 나한테 이 행동 때문에 혼이 났었는데, 어떻게 또 그럴 수 있지?

"……."

잠깐 침묵이 흐르는 사이, 혹 가족 안에서 허용한 독특한 문화 속 익숙한 행동 중 하나일 수도 있겠다는 생각이 들었다.

"집에서 아빠나 형들하고 장난칠 때, 고추를 만지니?"

"아니요."

조심스럽게 다시 물었다.

"그럼, 아빠가 너 귀여워할 때, 고추를 만지니?"

"아니요."

아이 눈가에 점점 눈물이 고여 갔다.

"선생님이 정말 궁금해서 그래. 왜 선생님의 고추를 만진 거지?"

"장난친 거예요…."

기어들어 가는 소리로 말했다. 그 순간 번뜩 떠오른 생각이 있어 물었다.

"혹시, 너 선생님하고 친해지고 싶었니?"

그 질문이 끝나기도 무섭게, 닭똥 같은 눈물이 주르르….

"왜 고추를 만지는 장난을 친 거지?"

좀 더 명료화해야 할 것 같아 되물었다.

"선생님하고 친해지고 싶었어요."

그 녀석 입을 통해 이 말을 듣는 순간, 내 마음도 한순간에 누그러졌다.

"그래, 그랬구나…."

그래도 할 말은 해야 했다.

"그런데 ○○아, 다른 사람이 싫어하는 행동으로 그 사람과 친해질 수는 없단다. 친해지고 싶은 사람이 있으면, 그 사람이 좋아하는 행동을 가지고 다가가야 친구가 될 수 있는 거야."

울고 있는 녀석을 무릎에 앉히고, 팔을 쓰다듬어 주었다.

"네가 어떤 행동을 하면 선생님하고 친해질 수 있을까?"

"선생님이 싫어하는 행동을 안 하고…."

"○○아, 우리 앞으로 만날 때마다 이렇게 하면 어떨까?"

"뭔데요?"

"지나가다가 만나면, 반갑게 하이 파이브를 하는 거야. 어때?"

"좋아요."

이렇게 한바탕 폭풍이 지나가자, 다시 녀석의 표정이 이전 모습을 되찾고 있었다.

드러난 행동이 전부는 아니다

모든 행동엔 다 이유가 있다. 대부분 좋은 의도를 포함하고 있다. 문제는 좋은 의도가 꼭 좋은 행동으로 연결되지는 않는다는 것. 그리고 그 좋은 의도는 대부분 잘 드러나지를 않는다. 그래서 쉽게 다툼이 일어나고, 모두가 억울해한다. 서로서로 비난하고, 결국, 둘 사이 관계는 끝장난다.

양○○의 해괴망측한 행동은 나와 친해지고 싶어서 선택된 것이다. 결과적으로 그 아이는 성공했다. 만날 때마다 하이 파이브를 하는 사이가 되었으니 말이다.

드러난 행동이 전부가 아님을 기억해야겠다.

의도를 보지 못하면,

더 큰 밑그림을 보지 못하면,

우리는 누구나 괴물이 될 수 있다.

13.   고용 승계

가정복지센터에서 문화복지센터로 변경되었으므로 두 시설이 밀접하게 연결되어 있었지만, 운영의 주체, 사업의 성격과 내용, 그리고 관련 법규상으로 두 시설은 엄연히 단절되어 있었다. 행정으로는 가정복지센터는 폐업해야 했고, 문화복지센터는 신규 사업체로 새롭게 등록해야 했다. 가정복지센터 직원은 퇴직 처리를 해야 했고, 문화복지센터 직원은 신규 채용을 해야 했다.

이 상황이 어떤 의미인지 이해되는가? 최악의 상황은 가정복지센터 소속 직원들의 일자리가 사라질 수도 있다는 뜻이다.

일터가 사라진다는 것은 곧 생존의 위기를 의미한다. **길게는 13년, 짧게는 2년 동안 가정복지센터 복지 사업을 위해 헌신해 온 직원들인데, 이들에게 생존의 위기를 맞게 한다는 것은 너무나 가혹한 일이었다.**

법규상 사회복지시설 수탁체가 바뀌더라도 해당 종사자의 고용 상태는 유지된다. 그러나 센터의 문제는 시설 명의나 수탁체가 바뀌는 수준이 아니라, 동일 사업체가 아닌 전혀 다른 사업체가 들어선다는 데에 있었다.

최악의 상황이 벌어지지 않기 위한 노력을 시작했다. 오래전 일이라 정확히 기억나지는 않지만, 그 당시 센터장은 시설운영 위원, 구의원, 시의원, 주무 부처 책임자들을 만나 직원들의 고용 승계가 얼마나 합당하고 중요한지를 전달하기 위해 무진 애를 썼다.

결국 '위탁 운영자 모집 공고 안'에 위탁 운영 조건으로 다음과 같은 내용을 포함할 수 있었다.

> 가. (생략)
> 나. 현 가정복지센터에 근무하는 종사자의 고용 승계가 유지될 수 있어야 하며, 수탁자가 변경되어도 시설장을 제외한 종사자의 고용 승계가 유지될 수 있도록 하여야 함
> 다. (생략)

현재까지 자발적 퇴사자를 제외하고는 가정복지센터 소속 직원 대부분이 문화복지센터에서 성실하게 일하고 있다. 센터장은 어찌 되었을까? 감사하게도 새 운영 법인은 그를 문화복지센터 센터장으로 재임용했다.

14. 따로 햇볕 잘 드는 곳에!

복지센터를 처음 찾아온 어르신이 사무실에 들어올 때면 종종 긴장하거나 어쩔 줄 몰라 하는 표정을 볼 수 있다. 직원들이 자기 일에 집중하느라 인기척을 못 알아차렸을 때는 더욱 민망한 상황이 펼쳐진다.

우두커니 서 있는 어르신이 있는가 하면, 한 직원에게 조용히 다가와 말을 건네는 어르신도 있다. 직원 책상 위로 불쑥 얼굴을 내미는 바람에 깜짝 놀라는 상황도 생기고, 가끔은 쩌렁쩌렁한 소리로 '자기 왔음'을 알리어 모든 직원의 이목을 사로잡는 어르신 때문에 업무가 중단되는 일도 있다.

임시 안내 데스크

어르신들이 사무실에 많이 찾아오기 시작한 것은 개관 이후 첫 문화교실 사업을 추진할 때부터다. 문화교실에 참여하려면 우선 회원가입을 해야 했고, 강좌 설명부터 신청 절차까지 상세히 안내를 받아야 했다. 그러나 차분히 안내할 만한 공간이 따로 있는 것이 아니었으므로, 사무실 출입구에서 가장 가까운 곳에 탁자와 의자를 놓아두고 어르신을 응대할 수밖에 없었다.

지나치게 오픈 공간이어서 이용인 입장에서는 여러모로 불편했을 것이다. 때로 내밀한 대화를 하거나 개인 정보를 수집해야 했으므로 문제의 소지도 많았다.

사무실 한쪽 빛이 잘 드는 곳

두 가지 차원의 조치가 필요했다. 하나는 지나치게 직원 업무에 방해가 안 되도록 응대 방식에서 변화를 주어야 했고, 다른 하나는 편안한 응대나 상담을 위해 따로 상담 공간을 마련하는 것이었다.

우선 간단한 응대는 사회복무요원이 전담하게 했다. 추가 설명이 필요하거나 중요한 사안의 경우는 당연히 직원이 개입했다. 물론 개인 정보를 다루는 회원가입 과정은 처음부터 담당 직원이 처리하게 했다.

찾아온 어르신의 개인 정보 보호와 심리적 배려를 위해서는 반드시 상담실을 따로 설치해야 했지만, 설치할 만한 예산이나 공간이 마땅치 않았다. 여러 고민 끝에 사무실 한쪽에 상담 공간을 만들기로 했다. 빛이 잘 들어오는 곳을 선택했다. 칸막이와 책장으로 벽을 만들고 따뜻한 분위기를 내려고 애썼다. 무엇보다도 동선, 기물 위치 등 안전 확보에 신경을 썼다. 상담공간 입구에 '상담실' 팻말을 달자, 오픈 공간이라는 한계를 넘어설 수는 없었으나 그래도 구색을 갖추었다는 생각에 안심이 되었다.

* * *

찾아온 어르신들이 이전보다는 많이 편안해하시는 것 같다. 응대하는 직원 역시 어르신에게만 집중할 수 있어서 그런지 좀 더 친절하고 상세하

일터에서 길을 찾다

게 안내를 하게 되었다. 온전한 상담 공간은 아닐지라도, 사무실 악조건 속에서도 최선의 길을 찾은 것 같아 뿌듯함이 있다. 향후 재정이 허락한다면, 가림막을 보강하여 더욱 안전한 공간으로 만들어야겠다.

15. 참여위원회

'이용'에서 '참여'로

센터를 이용하는 이들을 '참여자'로 표기하는 것에는 좋은 의도가 담겨 있다. '이용'과 '참여'의 차이에서 잘 드러난다. 필요에 따라 쓰는 것을 '이용'이라 한다면, 직접 참가하여 관계하는 것을 '참여'라 할 수 있다. 이용은 사용하고 나면 그만이지만, 참여는 사용을 넘어서서 관심과 관여와 관계를 지속한다. 이용은 불만을 터뜨리는 데서 그치지만, 참여는 불만을 해결하는 데까지 나아갈 수 있다. 이제 복지시설은 이용자가 필요한 것이 아니라 참여자가 필요한 때가 되었다.

민주주의가 국민이 주인이 되어 국민을 위한 정책을 펴는 것이 핵심인 것처럼, 복지시설도 지역 주민이 주인이 되어 지역 주민을 위한 운영과 사업을 펼쳐야 한다. 주인이라는 의식이 중요하다. 그렇다고 시설 운영을 좌지우지할 수 있다는 것은 아니고, 주체적인 이용과 참여를 통해 시설 운영에 영향을 미칠 수 있다는 의미를 담고 있다.

지역 주민은 '수혜자'에서 '이용자'를 넘어 '참여자'로 자신을 받아들일 때, 시설 운영자는 참여 공간을 확대하고 이용하는 이들을 '참여자'로 온전히 인식할 때, 하루가 다르게 변화하는 세상의 흐름 속에서 최적의 대응으로, 일터를 구성하는 모든 이들의 삶의 질을 향상하는 밑거름이 될 수 있다.

갈등 민원을 어찌해야 하나?

어느 날, 한 어르신이 물리치료 기기 사용 시간을 늘려 달라는 요구를 해 왔다. 담당 직원이 지침과 형평성에 어긋나는 점 때문에 불가하다는 것을 설명했지만 뜻을 굽히지 않았다. 팀장이 개입해도 해결되지 않았다. 급기야는 센터장이 개입했지만 서로 고성이 오가는 극한 대립으로 치닫고 말았다.

이런 일도 있었다. 우리는 문화교실을 통해 바리스타 교육을 진행하고 있다. 교육에 필요한 비품은 센터 건물 모퉁이에 위치한 카페 내 기물을 이용한다. 카페만이 아니라 센터 모든 기물은 교육과 같은 공적 활동 시에만 지역 주민이 사용할 수 있다. 지극히 당연한 일이 때로는 갈등의 원인이 되기도 한다. 한 어르신이 "내가 낸 세금으로 운영하는 복지시설이니, 카페 커피 머신을 개인적으로 사용하게 해 달라." 하고 요청을 해 왔다. 여러 상식적인 이유를 들어 불가함을 설득했지만, 소용이 없었다. 지역 구의원과 구청 민원실에 민원을 제기하기도 했다. 한동안 난감한 상황이 지속되었다.

이렇게 해결점이 잘 보이지 않는 민원을 '갈등 민원'이라 이름 붙여 본다. '갈등 민원'은 시설 책임자나 종사자가 해결하기에는 한계가 너무 많다. 직원이 겪는 스트레스 강도가 너무 심하고, 구청이나 정치인 같은 상위 기관에 민원을 반복적으로 제기할 여지가 많아서 센터 밖 분란 가능성도 다분하다.

그러나 단박에 해결할 수 있는 길도 있다. 종사자 대신에 대표성을 갖는 참여자 그룹에서 자발적이고 자치적으로 해결 방안을 찾는 것이다. 결국, 우리는 갈등 민원 해결과 더불어 이용 어르신의 참여 기회를 확대하기 위해 '참여자 모임'을 새롭게 만들기로 했다.

참여위원회

참여자 모임의 명칭은 논의 끝에 '참여위원회'로 정했다. 참여위원회에서 논의하고 의결할 수 있는 사안은 크게 4분야로 제시했다. 1) 개선 사항 2) 갈등 민원의 해결 3) 시설운영위원 선출 4) 정책 건의안 제출

참여위원회의 가장 특별한 점은 위원회에 참석할 '참여위원'의 선출 방식에 있다. 지역 주민이라고 해서 누구나 참석할 수 있는 것이 아니다. 우리는 센터 사업별 대표를 해당 사업 참여자들이 직접 선출하여 자신들을 대변할 수 있게 했다. 그랬더니 문화교실과 동아리, 물리치료실 등 대략 30~40명 정도가 참여위원회에 참여할 수 있었다. 각종 민원과 개선 사항을 해결하고 대표하고 대변하기에 적절한 인원과 구성 방식이라 나는 생각한다.

감사하게도 지난 몇 년간 참여위원회 활동을 통해 일터 운영과 사업에 많은 변화가 찾아왔다. 가장 큰 변화는 이용 어르신들의 불만의 강도가 현저히 줄어들었다는 점이다. 그리고 시기적절한 개선점과 멋진 아이디어를 제안하여, 더욱 풍성한 사업과 더욱 윤택한 환경을 마련할 수 있었다.

일터에서 길을 찾다

'지침'에서 '욕구'로, '욕구'에서 '권리'로~!

법령과 지침에 따라 시설을 운영하는 것은 기본 중의 기본이겠지만, 시설을 찾아오시는 분들의 욕구에 따라 시설을 운영하는 것 또한 중요한 일이다. 우리 사회는 이제, 욕구에 민감하게 반응하는 수준에는 올라와 있는 것 같다. 그러나 한 단계 더 나아가야 한다고 생각한다. 그것은 시설을 찾아오시는 이들의 '권리'에 집중하고 그 권리를 보장하기 위해 시설을 운영하는 것을 말한다.

이용 어르신의 권리 보장의 출발점은 '참여'에 있다. 어르신의 참여를 확대하면 확대할수록 어르신의 권리와 권익도 더욱 보장받는다. 센터에서 이용 어르신을 '참여자'로 규정하고 '참여위원회'와 같은 참여 방식을 개선하고 확대하는 것도 결국 어르신의 권리와 권익을 증진하기 위함이다.

16. 선인장의 피날레

날씨 화창한 어느 봄날, 한 어르신이 집에서 키우던 선인장 화분을 복지센터 옥상 텃밭에 갖다 놓은 일이 있었다. 옥상 햇볕이 좋아, 잘 키울 목적이었을 게다. 어르신의 욕심이 좀 과했던 모양이다. 냄새 지독한 거름을 사용하는 바람에, 함께 텃밭을 일구던 동료 어르신들의 불만이 이만저만이 아니었다. 최대한 불만을 잠재우려, 선인장 화분 위치를 눈에 띄지 않는 곳으로 바꿔 놓았던 기억이 난다.

선인장이라는 것이 일반 텃밭 식물처럼 부쩍부쩍 자라는 식물은 아니지만, 생존 조건만 맞으면 아무리 비가 안 와도 그럭저럭 잘 살아가는 특징이 있다. 그래서 별로 신경을 쓰지 않아도 되었다. 주인 어르신도 시간이 지날수록 관심이 사라지는 듯했다. 새 직장을 얻었다는 소식이 들려온 이후에는 더더욱 찾는 발길이 뜸해졌다.

텃밭은 11월이 되면 활용 가치가 떨어진다. 복지센터에서도 11월 수확 후에 텃밭 사업을 종료했다. 문제는 그다음에 발생했다. 겨울이 찾아오자 옥상에 사람의 왕래가 사라졌다. 선인장 홀로 옥상 구석에 방치되어 있었다. 서리가 내리고, 눈이 오고, 혹한이 찾아왔다. 이 엄동설한을 선인장 홀

일터에서 길을 찾다

로 온몸으로 맞이하다니…….

어느 누구도 그리리라고는 생각하지 못했다. 내가 처음 발견했을 때는 선인장 잎이 말라비틀어져 있었고 얼어서 완전히 축 처져 있었다. 주인 어르신이 몰랐기 다행이지, 아마도 큰 민원 사안이 되었을 수도~~

내가 할 수 있는 일이란 그 선인장을 옥상 출입구 안쪽에 갖다 놓는 것뿐이었다. 죽음에 대한 최소한의 예의를 차렸다고나 할까! 그리고 다시 관심에서 사라졌다.

기적이라면 이런 것이 기적이지 않을까! 다음 해 4월 어느 날, **얼어서 다 죽어 쓰러져 있던 선인장 잎에서 초록 생기가 돌기 시작하더니, 5월 말이 되자, 선인장 잎에서 꽃이 만발하는데,** 난생처음 보는 광경이었다.

정말 아름답고 신묘했다. 꽃잎이 예사롭지가 않았다. 비단 같기도 했고, 솜 같기도 했다. 가시 달린 선인장에서 이렇게 아름다운 꽃이 필 줄이야……! '죽어야 산다'라는 이 만고의 진리를 선인장은 온몸으로 보여 주고 있었다.

* * *

나도 선인장이고 싶다. 엄동설한 같은 삶의 고통과 역경에 정말 지고 싶지 않다. **그래야 눈길 머물지 못하는 볼품에서도 언젠가는 나름 찬란한 꽃을 피우지 않겠는가!** 담금질 후 쇠가 더욱 단단해지듯이, 그렇게 단단한 나로 다시 빛나고 싶다. 나도 내 안에서 '죽어야 할 것들'이 죽고, '새로운 나'로 다시 태어나고 싶다.

안타깝게도 그해 겨울에도 선인장이 옥상 한구석에 방치되었다. 너무 추운 겨울이었나 보다. 부활을 기다렸으나 기적이 다시 일어나지는 않았다.

일터에서 길을 찾다

17. 한 발짝만 더

'아기 야옹이'의 운명

지난 초여름 어느 날, 애타게 부르짖는 '아기 고양이'의 울음소리가 일터 건물 옆 수풀 속에서 쩌렁쩌렁 울려 퍼지고 있었다. 지나가던 사람이 발길을 멈춰 세웠다. 창문 너머로 들려오는 울부짖음에 사무실 직원들도 뭔가 홀린 듯 소리를 찾아 나섰다. 그러나 야생 고양이가 들킬 일이 없다. 우렁찬 소리가 울려 퍼지는데도, 모습을 감추는 솜씨가 예사롭지 않았다. 돕고 싶은 마음에 해결책이 분분했다. 신고하자고도 했고, 어미가 와서 데려가도록 그냥 두자고도 했고, 조그만 집과 먹을 것을 마련해 주자고도 했다. 그러나 결국 어찌할 바를 몰라 발길을 되돌린다. 하나둘 사람은 사라지고, 다시 울음소리만 그 공간을 채웠다.

울음소리는 사람의 마음을 잡아끈다. 인간 본성이 그러한가 보다. 그러나 여기까지다. 한 발짝 더 나아가는 것은 인간 본성이 아닌가 보다. 수많은 울음소리를 외면하는 우리 사회를 보면 더욱 그렇게 생각된다. 살려달라 소리치면, 가는 길 멈추더라도, 거기서 더 나아가는 법이 드물다.

아기 야옹이의 운명은 어찌 되었을까? 1시간여 지났을 즈음, 울음소리가 더는 들리지 않았다. 어미가 데려갔는지, 사람이 데려갔는지, 스스로 살길을 찾았는지는 알 길이 없다. 그저 안전한 곳에서 오래 살아남기를~!

직장 썸 타기

한동안 '직장 썸 타기'라는 말이 유행했다. '썸'은 'something'의 줄임말로, '남녀가 사귀기 바로 전 서로를 알아 가며 친하게 지내는 것' 정도로 해석할 수 있겠다. 이 '썸'을 직장과 연결하면, 직장에 너무 푹 빠지지 말자는 의미가 된다. 남녀가 썸 타는 정도에서 서로 부담 없이 만나는 것처럼 직장 생활도 그러해야 한다는 것이다. 일과 삶이 균형을 이루어야 한다는 '워라밸'이라는 신조어와도 일맥상통한다. 한동안 정치권 구호로 사용했던 '저녁이 있는 삶'도 같은 맥락에서 나왔을 것이다.

나는 이 말에 전적으로 동의한다. 직장에 너무 헌신적이거나 직장에서 일어나는 일에 과몰입하는 것은 결과적으로 우리 삶을 파괴할 수 있다. 그러나 썸 타는 것이 '주변을 살피지 말고 자기 일만 하라거나 책임을 적게 지는 것이 좋다'는 뜻은 결코 아니리라 생각한다.

본성을 거스르는 일

종종 인간 본성을 거스르고 움직이는 사람들이 있다. 고양이를 구조해 먹이고 보살피다 입양까지 책임져 준다. 물속에 빠진 사람을 보고 바로 뛰어든다. 울고 있는 아이에게 다가가 보호자가 올 때까지 함께 있어 준다. **어쩌면 우리 사회가 이만큼 유지되는 것은 이렇게 '한 발짝 더' 나아가는 이들이 있기 때문일지도 모르겠다.** 내 일터에서도 직장과 썸을 타는 직원들이 많아지기를 진심으로 바란다. 그러나 아주 가끔은 '한 발짝만 더' 나아갈 수 있으면 좋겠다. 사회복지라는 것이 원래 그런 일이니까!

얼마 전 센터 옥상에서 고령 어르신이 넘어진 적이 있다. 나무 데크 모서리가 너무 날카로워 등과 종아리뼈에 상처를 깊게 남겼다. 예견된 일이었다. 만약 누군가 다칠 수도 있다고 짐작했던 그 순간에, '한 발짝만 더' 나아가 모서리를 둥글게 만들었다면, 고령 어르신이 몇 달 동안 센터에 나오지 못하는 일은 없었을 수도 있다.

관건은 자발성에 있다

문제는 직원들을 향해 '한 발짝만 더' 나아가 달라고 얘기하는 것이 아무런 소용이 없다는 것이다. 지시든 설득이든 잠깐은 효과적일지 모르나 다시 원점으로 돌아간다.

따라서 관건은 자발성에 있다. 직장 썸 타기를 즐기는(?) 종사자들에게서 이 자발성을 어떻게 끌어낼 수 있을까? 난 아직도 그 명확한 해답을 찾지 못했다. 누군가 본을 보여야 한다거나 사회복지의 근본 목적을 생각해봐야 한다는 식의 상투적인 답을 내놓고 싶지는 않다.

아주 가끔, '한 발짝 더' 나아간 직원을 발견하면, 그저 격려 한마디 보탤 뿐이다.

'아기 청둥오리'의 운명

책을 내기로 하고 원고를 탈고할 즈음, 이번엔 청둥오리가 센터 주변에 나타났다. 센터를 이용하시는 몇몇 어르신이 도로를 질주하는 엄마 오리와 새끼 오리 두 마리를 발견하고 차에 치일까 봐 조심스럽게 센터 옆 놀이터로 몰아넣은 상태였다. 한 분 어르신이 사무실에 도움을 청했다. 아기 고양이가 출현했을 때와 마찬가지로 뭔가 홀린 듯 직원들이 쏟아져 나왔다. 역시나 해결책이 분분했다.

갓 태어난 새끼 두 마리를 지키려는 엄마 오리의 필사적인 몸부림을 가까이에서 지켜보던 한 직원이 멋진 아이디어를 냈다. 센터에 설치한 반려동물 임시 보관함을 이용해 아기 오리를 옮기자는 의견이었다. 바로 실행했다. 보관함을 한쪽 구석에 두고, 직원 세 명이 오리들을 조심스럽게 몰았다. 감사하게도 세 번째 시도 만에 아기 오리 두 마리를 보관함 속에 들여보냈다.

엄마 오리가 난리다. 괴성은 들리는데 모습은 보이지 않는다. 주변에 있는 것이 확실하다. 오리 심정이 느껴져서일까? 부모 마음이 이해돼서일까? 마치 사전에 약속이나 한 듯 두 직원이 뛰기 시작했다. 센터 옆 하천을 향해 달려갔다. 신기하게도 엄마 오리가 이미 와 있다. 물가에서 보관함 문을 열자마자 아기 오리들이 엄마를 향해 내달린다. 멀찍이 헤엄치던 엄마는 말할 것도 없다. 이산가족이

일터에서 길을 찾다

상봉하는 순간, 하천 위쪽 센터 옆에서 지켜보던 이들이 환호성을 지른다. 언제 그랬냐는 듯 유유히 헤엄쳐 가는 오리 무리를 확인한 후에야 두 직원은 가슴을 쓸어내렸다.

부슬부슬 비가 내리던 날,
비 맞는 줄도 모르고 '한 발짝 더' 나간 이들의 얼굴에는
뿌듯함이 가득했다.

3장

우연히 갈림길에서

일터에서 우연히 다가온 늪에
징검다리를 놓다

18. 내 맘대로 되지 않는다

19. 아~ 복잡하다

20. 가장 힘들고 많고 중요한 (업무분장)

21. 일에도 순리가 있다

22. 회의록을 살피다

23. 마지막 방패막이

24. 반쪽짜리 간담회

25. 소진과 친절 사이

18. 내 맘대로 되지 않는다

참 쉽다, 그러나 어렵다

어디 세상일이 내 맘대로 되던가…! 기대가 크고, 정당성이 있고, 확신이 가득 찬들, 그대로 되는 일이 그리 많지 않다. 어쩌겠는가? 하늘이 그렇게 작동하는 것을…!

그런데도, 때로는 후회로, 때로는 원망으로, 때로는 투쟁으로, 세상을 내 식대로 움직여 보려 하나, 이미 일어난 일을 어찌할 수 없어, 깊은 나락에 빠지곤 한다.

이럴 때 정신 번쩍 차리게 해 주는 나만의 경구가 있다.

'이미 일어난 일은 모두 신이 하신 일로 보라!'

참 쉽다. 그런데…, 참 어렵다. 쉬웠다면, 나와 주변 사람들의 행태가 그리 복잡하지는 아니할 터인데…, 실상은 그러하지 않으니, 참 좁은 길이다. 그래도 몸과 맘이 망가지는 걸 알면서 그 길을 갈 수는 없다. 세상과 다투며 시간을 허송하는 것보다는 정신 바짝 차리고 그 좁은 길을 가는 것을 나는 선택하련다.

그 누구의 잘못이 아니다

일터에서 자주 다투었다!

그 누구의 잘못도 아니다. 그저 신의 일을 나타낼 뿐~!

팀원이 자꾸 일을 그르친다!

그 누구의 잘못이 아니다. 그저 신의 일을 나타낼 뿐~!

지지하던 정치인이 선거에서 떨어졌다.

그 누구의 잘못도 아니다. 그저 신의 일을 나타낼 뿐~!

오랜 친구와 절교했다!

그 친구의 잘못도 당신의 잘못도 아니다. 그저 신의 일을 나타낼 뿐~!

어린 시절, 부모님이 이혼했다.

그 누구의 잘못도 아니다. 무엇보다 당신의 잘못이 아니다. 그저 신의
일을 나타낼 뿐~!

사고로 몸의 한구석이 탈이 났다!

그 누구의 잘못이 아니다. 그저 신의 일을 나타낼 뿐~!

고생하며 일구어 온 사업이 삐그덕거린다!

그 누구의 잘못이 아니다. 그저 신의 일을 나타낼 뿐이다~!

* * *

추궁하고, 책임을 묻고, 비난하며 버둥거리는 마음을 내려놓자. **세상은
언제나 내 판단, 내 의도와 상관없이, 그 자리에 있다. 세상은 늘 그렇게**

흘러간다. 그저 내 눈에 보이지 않았을 뿐이다. 후회와 원망과 낙담과 염려로 삶과 싸우지 말자. 싸우지 않으면, 삶은 언제나 내 편이라 믿는다. 쉽고, 단순하고, 자연스럽고, 여유로운 삶이 펼쳐지기를~~

19. 아~ 복잡하다

이해를 돕기 위해 나의 일터를 간단히 소개한다. 나의 일터, 문화복지센터는 어르신복지센터, 지역아동센터, 어린이도서관, 아이휴센터, 청춘카페, 커뮤니티 사업 등 다양한 시설과 사업이 공존하는 복합 문화·복지시설이다. 이것은 넓은 의미에서 그렇고, 좁은 의미에서는 여타 사회복지시설(어르신복지센터, 지역아동센터, 아이휴센터)을 제외한, 어린이도서관과 각종 카페 사업에 대해서만 법적, 행정적 효력을 갖는 문화시설이다.

나는 이 두 차원을 아우르는, 그러나 자주 떨어져 있어야 하는, 묘한 위치에 놓여 있다. 그리고 주로 서 있는 곳은 어르신복지센터이다. 이렇듯 '복합'이라는 표현에는 여러 의미가 포함되어 있는데, 그중 대표적인 것이 '복잡하고 어렵다'는 점이다.

관점 차이에서 오는 혼란

문화복지센터라는 복합 시설로 위탁 계약을 맺은 바, 한 건물 아래서 하나의 직장처럼 움직여야 하는 당위성이 일터 내부에 존재한다. 혼란은 이 당위성이 때로는 타당할 수 있지만 때로는 그렇지 않은 데서 발생한다. '하나의 직장'이라는 시선에서는 각 시설(지역아동센터, 아이휴센터)의 행정 처리상 최고 책임자를 중간 관리자로 여기곤 한다. 두 역할 사이에서 당사자는 물론이거니와 주변 직원들조차도 어떻게 관계를 설정하고 맺어야 할지 몰라, 불편과 긴장과 혼란을 경험하기도 한다.

시설별 업무의 성격과 스타일이 다르다는 점에서도 종종 어려움을 겪는다. 어르신 관점에서 접근할 일이 있고, 어린이 관점에서 접근할 일이 있고, 복지시설 관점에서 접근할 일이 있고, 도서관과 카페 등 문화시설 관점에서 접근할 일이 있다. 다양성을 발현하는 긍정적 차원도 있지만, 관점이 서로 대립하는 사안에서는 복잡한 상황이 펼쳐진다. 대부분 충분한 시간을 두고 조율하여 처리하나, 조율이 안 될 때는 어느 한쪽이 양보해야 하고, 이것이 크고 작은 분란을 일으키곤 한다.

'하나의 직장'이 아닌 '개별 시설'의 관점이 중요해질 때면 종종 집단 행동을 표출하기도 한다. 소속한 시설에 더 많은 이익이 되게 하려는 노력이 은연중에 나타난다. 타 시설에서 처리한 일에 대해 부정적인 해석을 더하여 과도하게 평가할 때도 있다. 자연스러운 측면도 있지만, 이런 일이 반복해서 발생할 때는 직원 간 불화와 소진의 원인이 되기도 한다.

설립 초기, 시설 연합 직원 연수를 준비하는 과정에서 일어났던 일이다. 당시 행사 기획과 추진은 어르신복지센터에서 맡았다. 1박 2일(금, 토) 일정으로 세부 계획을 마련했으나, 계획대로 진행하기 위해서는 시설 전체가 휴관해야 했고, 실제 휴관이 가능한 시설은 어르신복지센터와 어린이도서관뿐이었다. 시설별 특성을 반영하여 어르신복지센터와 어린이도서관은 금요일 점심부터 프로그램에 참여하고, 휴관이 어려운 그 외 시설은 저녁부터 프로그램에 참여하도록 일정을 수정했다.

일반적으로 한 직장 안에서는 처리해야 할 업무가 있거나 처음부터 연수에 참여할 수 없는 직원이 있는 경우, 업무 처리 후에 후발대로 참여하는 것이 지극히 자연스럽다. 그러나 복합 시설 상황에서는 다른 힘이 작동하곤 한다.

직원 연수 당일 아침, 휴관이 어려운 두 시설 직원들이 집단 행동을 감행했다. 이유인즉슨, 후발대로 참여하는 시설이 연수 프로그램에서 소외된다는 것이었다. 양쪽 입장이 대립했다. 프로그램을 준비했던 시설은 사전에 충분히 의견을 수렴하여 조심스럽게 준비했는데도 비난받는 상황이 억울했고, 후발대로 참여하는 시설은 충분한 배려가 없는 것으로 판단하여 어떻게든 문제를 제기해야 했다. 이후 전체 직원이 모인 가운데, 세세하게 준비 과정과 프로그램 내용을 설명한 후에야 비로소 혼란과 대립을 해소할 수 있었다.

그러나 그 당시 복잡한 상황과 심경은 복합 시설의 문제점을 제대로 드러내고 있었다.

코로나-19 대처 상황

시설별 이용 대상과 관계 부처가 달라서 생기는 혼란은 전대미문의 감염증 확산 상황에서도 동일하게 나타났다. 감염증에 대한 큰 틀의 지침은 같았지만, 시설마다 현장에서 대처하는 방식에서는 조금씩 차이가 났다.

문화복지센터는 크게 두 가지 영역에서 혼란을 경험했다. 하나는 코로나 확진자가 발생하는 상황에 대처하는 방식에서 시설마다 차이가 나는 문제였다. 고위험군에 속한 어르신복지센터는 운영을 중단해야 했지만, 3층 도서관과 2층 지역아동센터 및 아이휴센터는 정상 운영을 해야 했고,

직원 노무 관리 차원에서도 일률적인 방식을 적용할 수가 없었다.

다른 하나는 이용인 모니터링 과정에서 일어난 혼란이다. 건물 1층 출입구에서 총괄 모니터링을 하는 것이 일반적인 방식이나, 우리 센터는 그렇게 할 수가 없었다. 모니터링 인력이 부족할 뿐 아니라, 각 시설에서 수행해야 하는 모니터링 방식이 조금씩 달랐기 때문이다. 무엇보다 이용인 모니터링 내용을 기록하고 위급 상황 시 대처하는 것은 각 시설에서 책임져야 했다. 그러다 보니 1층 출입구 모니터링을 그냥 지나치는 이용인이 생겨났고, 이를 확인하고 설명하고 조율하는 과정에서 적지 않은 에너지가 소모되었다.

코로나19 감염 사태 3년 차를 맞이하는 지금, 다행히 확진자는 점점 줄어들고 있다. 대응하는 행정력 역시 줄어들고 있다. 출입구 모니터링 과정도 개인의 책임과 자율에 맡겨져, 위와 같은 복잡한 상황에서 잠시 벗어나 있다. 그러나 감염 재확산 상태가 되거나 새로운 감염증이 창궐한다면, 우리 센터는 동일한 혼란을 다시 경험해야 할지 모른다.

복잡한 한 집살이

각 사회복지시설을 제외하고, 좁은 의미에서 순수하게 문화복지센터 소속 직원은 5~6명밖에 되지 않았다. 그리고 대부분 개별 사업을 담당하느라 여력이 없었다. 그러나 모든 사업장이 그렇듯, 센터에도 시설관리, 재정, 행정 등 개별 사업 외 필수 업무가 따로 있었다. 하지만 문화복지센터에는 이 영역을 담당할 인력이 턱없이 부족했다. 궁여지책으로 어르신복지센터 소속 직원을 활용해야 했다. 한 건물 안에서 그리고 최고 관리자 한 명 아래서 조직을 운영했으므로 어쩔 수 없는 측면도 있지만, 이 때문에 발생하는 문제가 한둘이 아니었다.

특히 노무 관리에서 분명하지 않은 부분이 드러났다. 무엇보다도 관련 직원들이 불만을 토로했다. 이를 해소하기 위해 업무량에 따라 형평성에 기반하여 새롭게 업무를 분담하고, 겸직에 따른 보상으로 수당을 따로 책정하여 지급했다. 직원들의 불만은 어느 정도 해소되었으나, 또 다른 곳에서 문제가 제기되었다.

구청 지도 점검 과정에서, 겸직 근무 상황에 대한 몇 가지 문제점을 지적받은 것이다. 인력을 추가 지원받을 수 없는 상황에서 센터로서는 어쩔 수 없는 선택이었지만, 근로기준법상에서 문제가 될 소지가 있다고 하니, 당연히 합당한 조치를 취해야 했다.

일단 내부 규정으로 겸직 지침을 마련하여, 겸직에 대한 명확한 정의와 겸직의 범위, 겸직 근무 시 노무 관리 방식 등을 명시했다. 이 지침은 현재 겸직 실무에 적용 중이며, 이를 통해 운영의 모호함과 위법성을 해소해 나가고 있다.

* * *

복잡하다 하여 모든 일이 부정적인 것만은 아니다. 복잡한 상황을 해결하는 과정에서 창의적이고 독특한 대안이 만들어지는가 하면, 서로 존중하고 협력하며 함께 성장하는 기회도 찾아온다. 현재 센터 내 시설별 협의 과정을 원활히 하기 위해 '시설 협의회'를 가동하고 있다. 앞으로 일터에서 윤활유 같은 역할을 감당해 주기를 바란다.

그러나 복잡한 조직과 난해한 행정 처리 때문에, 추가로 소모되는 시간과 에너지를 나는 복합 시설의 한계로 인정하고 싶다.

20. 가장 힘들고 많고 중요한 (업무분장)

구청에서 새롭게 위탁한 사업 대부분은 직원들이 이전에 한 번도 실행해 보지 않은 일들이었다. 업무 성격과 업무량을 알 길이 없었으므로 개관 초기 개별 직원에게 공평하게 업무를 부여하는 것은 지금 생각해 보면 가능하지 않은 일이었다. 더구나 시간이 지날수록 추가 사업이 생기고 업무량도 많아지면서 직원들의 불만이 늘어 갔다. 관리자가 아무리 심도 있게 고민하고 살펴서 분장 업무를 정해도 거부하는 일도 일어났다.

불만 2가지
불만을 제기하는 직원들의 의견을 취합해 보면 대략 아래 두 가지로 정리할 수 있다.

- **내가 일을 제일 많이 한다.** (지금도 일이 너무 많은데, 더 할 수 없다. / 내 일이 제일 중요하다)
- **내가 원하는 일이 아니다.** (내 의견 없이 일방적으로 결정한다. / 내 성향과 안 맞는다. / 뭔가 불합리하다)

누구나 자기가 맡은 업무가 '가장 힘들고 가장 많고 가장 중요한' 법이다. 이런 신념을 갖게 하는 원인 중 하나는 다른 사람의 업무를 경험해 보지 않아 잘 모를 때 그 사람의 일이 적어 보인다는 데 있다. 그래서 관리자의 객관적인 시선이 필요하지만, 관리자가 실무를 자세히 알기가 쉽지 않고 여기에 관리자가 일방적으로 분장 업무를 결정하는 순간 위 부정적 신념은 더욱 강하게 된다.

공정함을 위한 조건 2가지

공정한 업무 분장을 위해서는 두 가지 조건이 필요했다. 하나는 **'사업별 업무량을 측정하여 서로 비교 가능해야 한다는 것'**. 이를 위해서는 업무를 이해할 만한 충분한 경험과 시간이 필요했다. 다른 하나는 **'업무 분장 시 충분한 이견 조율 시간을 가져야 한다는 것'**. 이 두 조건을 만족하려면 업무 분장 방식에 대대적인 변화가 필요했다.

업무를 명료하게 분류하다

문화복지센터 개관 2년이 지날 즈음, 추진 사업이 더욱 복잡하게 되고 시설 운영 방식도 여러 변화를 맞이한 바, 업무 분장을 개선하는데 가장 알맞을 때라 판단하여 다음 세 단계 과정을 밟았다.

첫 번째는 복지센터에서 실행하는 모든 업무를 자세하고 명료하게 분류하는 작업을 진행했다. 개관 초기 업무 성격과 양을 잘 몰랐을 때는 업무를 정리하고 분류하는 것이 매우 엉성했기 때문에, 계속해서 늘어나는 업무, 새롭게 인식하는 업무, 실제로 수행하고 있으나 공식적으로 정리하지 못한 업무를 반영할 수가 없었다. 실무자조차 자기 업무에서 세세한 부분을 누락하는 일도 생겨났고, 어느 영역에 속한 것인지 모호한 업무도 발견되었다.

특히 덩어리 방식(세밀하게 업무를 정리하지 못해 큰 사업 단위로 분류)으로 분류한 업무를 가지고 분장하다 보니, 객관적인 업무량을 확인할 길이 없었다. 그 결과 직원들의 불만을 해소해야 할 업무 분장 과정이 오히려 불만을 자극하는 일이 되어 버렸다.

업무를 계량화하다

모든 업무를 정돈하여 분류하는 작업을 마친 후, 두 번째 단계에 들어갔다. 이는 업무량을 객관적으로 확인할 수 있도록 계량하는 작업이다.

먼저 각 직급과 직책별 업무 총량을 설정했다. 5급 사회복지사 업무를 100으로 정하고 직급과 직책에 따라 업무 총량을 조정하는 방식을 활용했다. (ex. 팀장 130, 사무국장 150 등) 그다음은 모범적으로 사업을 추진하고 있는 5급 사회복지사를 선정한 후, 그가 추진하는 모든 업무를 총량 100에 맞추어 단위 사업별로 측정치를 부여했다. 그리고 이 측정치를 기준점으로 삼아, 센터 모든 세세한 개별 사업에 각각 수치를 부여했다. 마지막으로 이렇게 계량화한 모든 단위 사업을 각 직급과 직책의 업무 총량에 맞게 배분했다.

이 과정에서 최대한 객관성을 유지하기 위해 여러 사업을 총괄하는 팀장과 다양한 업무 경험을 가진 직원의 의견을 반영했다.

새로운 업무 분장 방식

세 번째는 모든 직원이 분장 결과를 받아들일 수 있도록, 충분한 논의와 조율 과정을 포함하는 새로운 업무 분장 방식을 아래와 같이 마련했다.

- **분장 시기** : 그해 사업 평가 후 다음 해 사업 기획 전 완료
- **조정할 업무 파악** : 사업 담당자 의견 취합 + 환경 변화 반영 + 조직 개편에 따른 조정 업무 적용
- **팀장회의** : 업무 분장 조정안 마련
- **조율 과정** : 팀장과 사업 담당자 간 조율 / 사업 총괄자의 사업 담당자 면담 / 업무 분장 최종안 마련
- **승인과 공유** : 센터장 승인을 걸쳐 전체 직원과 공유

협업 역량의 발휘

모든 일이 그렇듯 모든 사람이 만족할 만한 결과를 만들어 내는 것은 쉬운 일이 아니다. 복잡한 이해타산이 적용되는 업무 분장에서는 더욱 그러하다. 아무리 공정하게 분장 과정과 합의 과정을 진행해도 아쉽다는 평가와 함께 미진한 일처리도 발생한다.

이때는 달리 방법이 없다. **신뢰와 존중에 기반한 일터 분위기를 조성하거나, 부서 또는 직원 간 협업 역량에 기대는 수밖에~! 나는 이러한 역량 발휘 여부가 한 조직의 능력치를 판가름하는 기준이 된다고 본다.** 개관 5주년을 앞둔 지금, 내가 속한 일터는 어느 수준일지 사뭇 궁금하다.

21. 일에도 순리가 있다

어떤 사업이든 지속할 수 있게 하려면, 일이 진행되는 순리를 따를 필요가 있다. 사회복지 분야에서는 이런 일의 진행 순리를 '기획-실행-평가-반영'의 네 과정으로 표현한다. 이 네 과정을 순환 구조로 긴밀하게 연결하여 사업을 추진할 때 정확한 진단과 개선, 효과적인 재정의 투입으로 목표 달성은 물론 사업의 진화를 이끌어 낼 수 있다. 어느 직장이든 이 순환 과정을 나름 적용하겠지만, 의도대로 이루어지기란 여간 어려운 일이 아니다. 대부분 각 단계가 유기적으로 연결되기보다는 각각 따로 노는 꼴이 되기에 십상이다.

비전문성이 드러나다

사업 추진 중에 다음과 같은 문제가 발생한다면 이 네 순환 구조가 제대로 작동하지 않는다고 보면 된다.

- 예산액과 결산액이 심하게 차이가 난다.
- 일회성 또는 급조한 사업이 빈번히 발생한다.
- 계획은 계획일 뿐, 실무에서는 임기응변술이 주도한다.

- 계획하는 사람 따로, 실행하는 사람 따로 있다. (협의와 조율 과정이 없다)
- 평가와 상관없이 계획이 이루어진다. (매년 세부 계획이 동일하다)
- 계획과 상관없이 예산을 책정하고 집행한다.
- 매년 동일한 문제가 발생하거나 평가 내용이 비슷하다.
- 실행한 내용을 정확하게 확인할 수 없다. (문서가 빈약하다)

위 목록은 모두 개관 초기에 우리 센터가 직면한 상황이기도 하다. 사업을 추진하는 과정은 복지센터 운영에서 실적과 가장 긴밀하게 관련 있는 중요한 분야였지만 어디서부터 개선해 나가야 할지 모를 만큼 이 분야에서 전문성이 부족했다고 볼 수 있다.

3년에 걸쳐서

먼저 평가 과정을 쇄신하는 것부터 시작했다. 그런 다음 기획 과정을 정돈했고, 이어 실행 과정에서 부족한 부분을 개선해 갔다. 돌아보니, 이 '평가-반영-기획-실행'의 네 과정을 각각 내실 있게 하고 서로 유기적으로 연결하는데 꼬박 3년이 걸렸다. 초기에는 처리 업무가 낯설고 너무 많다는 이유로 직원들이 불만을 토로했지만, 지금은 모든 직원이 사회복지사의 전문성이자 당연한 책무로 이 일을 받아들이고 있다. 당연한 결과로 보인다. 이렇게 하지 않으면 모든 일이 잘 굴러가지 않기 때문이다.

각 과정을 자세히 설명할 필요는 없겠다. 그동안 경험한 것을 토대로 요점만 간단히 정리하면 다음과 같다.

사업의 평가

• 사업이 마무리되는 12월쯤 평가 과정을 밟으면 좋겠지만, 현실에서는 다음 해 예산과 사업을 미리 기획해야 하므로 늦어도 9월부터는 평가 과정을 시작해야 한다.

• 사업을 추진하는 실무 주체가 직원이므로 사업 평가에서 가장 비중을 많이 차지하는 것이 직원의 평가이다. 직원의 시선에서 양적·질적 평가, 개선점 등을 밀도 있게 살펴볼 수 있어야 한다.

• 만족도와 욕구 조사는 참여자의 세밀한 욕구를 파악할 수 있어 참여자 평가로는 가장 중요한 작업이다. 이용인 간담회는 연 1회 추진하는 평가 과정으로 센터를 이용하는 누구나 참여 가능하다. 참여위원회는 우리 센터만의 독특한 참여자 모임으로, 각 프로그램 이용인 대표들이 주체적으로 참여하여 개선 사항을 제시하고, 갈등 민원을 해결하고 있다. 그 외 구청 지도 점검, 법인 감사, 직원 교육 평가, 슈퍼비전 평가 등 다방면으로 평가의 질을 높인다.

반영과 기획

• 반영안은 위 평가 과정의 결과로 만들어진다. 이를 직원 전체와 공유하고, 수정·보완하는 과정을 거친 후 최종 보고서를 작성한다. 이 보고서는 다음 해 사업을 기획하는 데 가장 중요한 자료가 된다.

• 사업 기획은 사전 작업이 필요하다. 지역 주민의 욕구를 파악한 자료와 그 반영안, 직원의 사업 평가 자료와 그 반영안이 구비되어야 한다. 그런 다음 기획 시점의 지역 사회 특성과 환경 변화를 분석해야 한다. 정확한 자료 확보와 해석 등 분석과정이 만만치 않은 일이므로

때로는 8월부터 탐색 작업에 들어간다.

- 구비한 자료를 토대로 기획의 방향성을 담은 '사업 기조'를 결정한다. 이는 다음 연도 운영 전반의 방향을 선택하는 과정으로, 기획의 꽃이라 할 만큼 종합적이고 창조적인 작업이라 할 수 있다.
- 사업 기조에 따라 사업 계획서를 작성하면, 이에 예산안과 운영 계획을 더하여 다음 연도 운영 계획서를 최종 완성한다.

사업의 실행

- 모든 사업 추진 절차(평가, 기획, 반영)는 사업 실행을 위한 준비 작업이다. 계획에 따라 준비된 각종 서비스를 실행하면, 이곳 일터는 그 존재 이유와 설립 목적에 한 발짝 다가간다.
- 운영 일지는 사업 실행 과정의 기초 자료로서, 누구나 이 일지를 보면, 계획대로 사업을 추진하고 있는지, 구체적으로 무슨 사업을 어떻게 실행하고 있는지 확인할 수 있다. 또한, 사업 결과 보고서를 작성하여 주먹구구식 추진을 예방하고 관리자의 지도를 통해 사업 추진 전문성을 확대한다.
- 실행 과정 중 점검 회의는 매우 중요하다. 계획한 성과 목표와 기대 효과에 부응하는지, 운영 상황에 문제가 없는지 점검하고, 구체적인 실행 방안도 모색한다.

* * *

실행 과정이 무르익어 갈 즈음, 다시 평가와 반영과 기획 과정을 밟으면, 그 이듬해에 일터는 한 단계 진일보한 서비스를 지역 주민에게 제공할 수 있다.

22. 회의록을 살피다

각종 회의에서 기록을 남기는 이유는 회의록이 향후 발생할 수 있는 혼란이나 분란을 해결하고 정돈하는 열쇠가 될 수 있기 때문이다. 그래서 귀찮더라도 논의 과정과 결과를 일정한 양식에 따라 누락이나 왜곡 없이 사실에 부합하게 기록해야 한다. 기록이 부실하면 기억에 의존할 수밖에 없고 기억은 입장에 따라 달라지는 한계를 지니므로 분란과 다툼의 원인이 될 수 있다.

기록을 가벼이 다루는 현실

그런데도 현실에서는 회의록을 너무 가볍게 다루는 경향이 있다. 그 중요성을 인식하지 못해서 그렇기도 하고, 평상시에 회의록을 들여다볼 일이 거의 없기 때문이기도 하다. 더구나 기록 당시 상황이 큰 문제 없이 편안하게 잘 돌아갈 때면 회의록을 작성하는 일은 관심 밖 업무가 되어 형식적인 작업에 그치게 된다.

회의록을 어떻게 기록해야 하는지 배우지도 않았다. 모방을 통해서 기록 수준을 향상하면 좋겠지만, 이에 대한 슈퍼비전이 충분하지 않은 상황에서는 누구도 애쓸 필요가 없다.

센터가 복합 문화·복지시설로 변화하면서 모든 것이 복잡하게 되었다. 논의할 일도 많았고, 사건·사고도 빈번히 일어났으며, 이를 처리할 회의 구조 또한 복잡했다. 그만큼 기록할 일도, 그 기록을 확인하는 일도 많았다.

문제는 기록이 지나치게 부실하다는 데 있었다. 기억에는 있는데 기록에는 남아 있지 않아 어떻게 처리해야 할지 모호한 상황이 발생하는가 하면, 잘못 기록하여 혼란을 증폭시키는 일도 있었다. 어떤 경우는 중요한 내용은 기록에 없고, 사소한 기록만 남아 있어 당황스러울 때도 있었다.

씁쓸한 에피소드

한번은 이런 일도 있었다. 이용인 중에는 괴팍한 어르신이 있기 마련인데, 한 직원이 유독 스트레스를 쉽게 받곤 했다. 팀 회의를 거쳐서 간부회의 안건으로 상정되어 어떻게 조처를 할지 결정을 내렸다. 팀장은 결정 내용을 팀 회의 중에 공유했고 이후 정리되는 듯했다. 우여곡절 끝에 해당 직원이 스스로 퇴사를 거론할 무렵, "센터가 자신의 안전을 소홀히 했다." 하는 이유로 외부 인권 관련 기관에 고발하겠다고 통보해 왔다. 인권 침해 증거 자료로 팀 회의록을 제출했다. 살펴보니, 놀랍게도 회의록에는 간부회의에서 해당 직원의 피해 상황에 대한 논의나 조처를 하지 않은 것으로 기록되어 있었다. 팀장에게 확인이 필요했다. 그가 전한 자초지종을 요약하면 이렇다.

• 나는 간부회의 결정 사항을 팀 회의를 통해 팀원에게 전달했다.
• 회의록은 팀원 중 하나가 작성하며, 나는 그동안 관례에 따라 기록 내

용을 자세히 확인하지 않고 결재 서명을 했다.

- '간부회의가 조처하지 않았다'는 기록은 간부회의 논의 이전에 진행했던 회의 기록이고, 이후 간부회의 논의 결과를 전달했던 팀 회의 회의록에는 정작 전달 내용이 빠져 있었다. 결과적으로 팀 회의록에는 '간부회의가 관련 논의와 조처를 하지 않은 것'이 최종 기록으로 남았다. 나는 이 상황을 나중에 알았다. 기록자가 의도한 것인지 아닌지는 모르겠다.

이 일은 센터장이 공개적으로 사과하는 것으로 마무리되었다. 지금도 그때를 뒤돌아볼 때면 마음 한구석에 씁쓸함이 자리 잡곤 한다.

회의 자료 취급 방식을 개선하다

기록이 부실하여 발생하는 일들이 빈번함에 따라, 일터에서 기록하는 모든 회의 자료를 살피기 시작했다.

먼저 각 회의에서 다루어야 할 내용을 빠짐없이 기록할 수 있도록 기록 양식을 개선했다. 회의 절차와 기록 방식에도 변화를 주어 명료하게 자료를 남기도록 의도했다. 한동안 나는 일부러 회의 자료를 전 직원에게 공개하여 기록 방식이나 표현 방식을 간접적으로나마 배울 수 있게 했다.

마지막으로, 중요한 회의 자료는 중간 관리자의 검토를 경유하게 하여 누락, 오기, 불분명한 표현 등을 예방할 수 있게 했다.

* * *

일터에서 길을 찾다

기록도 실력이다

누구나 회의록을 잘 작성하는 것이 아니다. 듣는 기술도 필요하고 회의 절차와 기록 양식에 대한 이해도 필요하며, 어휘력도 필요하다. 특히, 상황과 사실에 대한 요약·종합 능력을 잘 갖추고 있을 때, 관련자 모두가 수긍할 수 있는 명료한 기록을 남길 수 있다.

이러한 기록 역량은 저절로 생기지 않는다. 모방하는 것부터 시작해서, 책을 통해서든 강의를 통해서는 슈퍼바이저를 통해서든 배워야 한다. 무엇보다 자주 기록하는 연습이 필요하다.

여기에 추진 사업과 행정 업무에 대한 경륜이 더해질 때, 정확한 정보 전달뿐 아니라 문제를 신속히 해결하거나 예방하는 등 일터에서 꼭 필요한 역할을 담당할 수 있다.

23. 마지막 방패막이

일터 운영 규정을 전면 개정하면서 인권 관련 규정을 확대했다. 그중 일부가 '윤리위원회' 규정이다. 개정 당시에는 문서로서만 의미가 있는 당연 규정 정도로 생각했지, 센터 현실에 적용하리라고는 결코 예상하지 못했다.

우선 고리타분한 느낌을 자아내는 이 '윤리위원회'가 무엇인지부터 말해야겠다. 윤리위원회는 윤리적인 판단 기준에 따라 민주적이고 합리적이며 윤리적으로 시설을 운영하고 조직 문화를 구축한다는 '윤리 경영'을 일터가 잘 실현하고 있는지 관리·감독하는 기구로서, 위반 사항 발생 시 조사·심의·처리하는 임무를 맡고 있다.

첫 사례 결과

몇 년 전, 규정으로만 남을 것 같았던 윤리위원회가 실제로 열렸다. 자세한 신고 내용을 설명할 수는 없고, 위원회 심의 결과만 이 지면에 싣는다.

윤리위원회는 가해자의 행위가 '정서적 학대 행위'로서 노인 학대의 소지가 있음을 밝히며, 윤리 경영 규정 제22조 ②항에 따라 징계 처리할 것을 권고한다.

향후 조치 사항은 다음과 같다.
1) 인사위원회 회부
2) 신고인 및 참여자 어르신과 가해자의 분리
3) 참여자 어르신에게 사과 및 재발 방지 약속
4) 재발 방지를 위한 위반인 노인 인권 교육 실시
5) 참여자 어르신의 권익 증진을 위한 주기적 면담 추진(인권 교육 포함)
6) 학대 예방을 위한 참여자 어르신 대상 설문 조사를 주기적으로 실시

과도한 짐

쉽지 않은 과정이었다. 신고자도, 피해자도, 윤리위원도, 가해자조차도 견디기 힘든 지난한 시간이었다. 당연히 피해자가 가장 힘들다. 그러나 인권과 관련한 문제는 지나치게 예민하고 복잡해서 모두가 억울하고 모두가 불평하고 모두가 스트레스를 받는다. 특히 위반 행위를 조사하고, 법령과 운영 규정을 따져 보고, 공명정대하게 판단을 내려야 하는 윤리위원에게는 과도한 짐을 지는 일이기도 하다. 위원 중 하나는 퇴사를 심각하게 고민하기도 했다.

인권 감수성을 확대하는 계기되다

다시는 윤리위원회가 열리지 않으면 좋겠다. 하지만 이 일을 계기로 센터의 인권 감수성이 확대되기를 바란다. 첫 윤리위원회 가동 이후, 직원들의 태도에서 변화의 조짐이 보인다. 동료를 대할 때나 참여자를 대할

때, 말과 행동에서 존중하려는 마음을 종종 느낄 수 있다.

직원 모두에게 '노인 학대 금지 서약서'도 받았다. 의무 교육을 진행하는 각종 인권 교육에도 이전보다 더욱 성실하게 참여하고 있다. 신입 직원 교육에서도 인권 교육을 강화했다. 혹 실수와 과도한 행위가 있다손 치더라도, 이미 센터 차원에서 신속하게 접근하고 해결할 수 있음을 경험한 바 어떤 상황에서도 의연하게 대처하리라 믿는다.

* * *

윤리위원회가 존재한다는 것은 마지막 방패막이로서 최소한의 인권 감수성을 유지할 수 있다는 방증이 아닐까! 어쨌든 일터에서 만나는 다양한 상황과 사건 속에서 아주 작은 일에도 민감하게 인권을 생각하는 일터가 되기를 진심으로 바란다.

24. 반쪽짜리 간담회

일터에서 '안전'과 '근무 환경'이 중요한 이슈로 떠오를 무렵, 인권 보장 수준에 대한 직원들의 판단을 공유하기 위해, 그리고 허심탄회한 대화의 장을 마련하기 위해 '직원 간담회'를 처음으로 열기로 했다.

관리자를 제외한 이유

회의 직전에 직원 대표가 찾아왔다. 센터장과 사무국장은 참여하지 말아 달라는 요청을 했다. 나는 간담회 취지와 방식만 간단하게 전달한 후, 그 요청을 받아들였다.

그다음 날, 간담회 회의록을 전달받았다. 예상 밖의 논의 내용에 나는 당황할 수밖에 없었다. 뭐라고 하면 좋을까? 지나치게 지엽적인 접근이라 해야 할까? 초점을 벗어났다고 해야 할까? 개인이 기분 나빴던 상황을 가감 없이 드러냈다고 해야 할까? 물론 적절한 지적과 합당한 개선점도 일부 제시되었다.

그러나 얼굴 보고 얘기하면 오해든 사과든 수정이든 금방 풀릴만한 사안들이 사실 확인이나 관점 공유 없이 인권과 권리 침해라는 이름으로 나열되어 있었다. 왜 관리자 참석을 꺼렸는지 이해할 만했다.

답변 요청에 응하다

간담회 건의 사항으로 '논의 내용에 대한 피드백'을 요청함에 따라 나는 힘겹게 사안별로 사실 관계와 의문점을 포함하여 답변서를 작성했다. 최대한 정중하게 응답하려 했지만, 지금에 와서 보니, 그 당시 마음이 편치 않았던 터라 감정 섞인 표현도 군데군데 발견한다. 그런데도 의미가 있다고 판단하여, 여기에 답변서 서문 일부를 담아 본다.

이번 간담회는 직원의 인권과 권리를 주제로 대화를 나누는 시간으로 계획했습니다. 그런데 간담회 결과를 보니, 직원 인권과 권리라는 본래 취지와 거리가 먼 내용이 많아서 당황스러웠습니다. 정확한 사실이나 상황 명시 없는 개인적 판단이 많았고, 동료에게 하기에는 부적절한 말들이 가감 없이 표현되었으며, 기록 속에 상급자를 향한 배려가 보이지 않아서 더욱 그렇습니다.

자세한 답변에 앞서 아래 세 가지를 말씀드리고 싶습니다.

1) **존중은 일방성을 띠는 것이 아닙니다.** 서로 간에, 상대의 감정과 언행이 나름대로 이유가 있고, 그래서 그럴 수도 있음을 이해하는 데서 존중이 시작된다고 생각합니다……. 그래서 존중을 상대에게 요구하는 것만큼, 상대를 존중하고 있는지 살펴보는 것이 매우 중요합니다. 말뿐만 아니라, 글에서도 그러해야 하지 않을까요? 안타깝게도 간담회 회의록 글 속에서는 존중의 느낌을 전혀 받을 수가 없었습니다.

2) **누군가를 비판하거나 지적할 때는 실제로 무슨 일이 있었는지(말, 행동)를 명확하게 확인하는 것이 매우 중요합니다.** 그런 후, 그 일, 그 말, 그 행동에 대해 어떤 해석을 하고 어떤 영향을 받았는지를 표현하는 것이지요. 대부분 이 둘을 혼동합니다. 가장 위험한 것은 자기 생각과 해석을 실제 일어난 것인 양 받아들이고,

이를 토대로 상대를 지적하는 것입니다. 이런 방식으로는 그 어떤 문제도 긍정적으로 해결되지 않습니다. 안타깝게도 간담회 회의록에는 '정확하지 않은 것'에 근거한 지적과 평가가 많았습니다.

3) **'소통 부재'와 '인권'은 다른 문제입니다.** 불편하거나 문제가 된다고 판단되는 상황이 발생하면, 왜 그 순간에 해결하지 않는 것일까요? 말 표현에서 문제가 있다면 그 순간에 그것 가지고 논의를 왜 안 할까요? 감정적으로 고통스러워하는 상급자가 있다면, 그 상황을 왜 존중해 주지 못하는 것일까요? 회의 시간대가 부적절하다고 판단될 때, 왜 회의 시간을 조정해 달라고 요청하지 않을까요? ……마땅히 취해야 할 조치를 취하지 않은 상태에서 발생하는 불편이 오로지 관리자의 몫일까요? 이런 상황은 '인권과 권리의 문제'라기보다는, 우리 조직의 '소통 능력의 부재 문제'라고 생각합니다.

…… (생략) …….

반쪽짜리 간담회로 얻은 것

간담회의 사전적 의미는 '친밀하고 진지하게 이야기하면서 서로 의견을 나누는 모임'이다. 이 측면에서 보면 우리 센터 첫 직원 간담회는 반쪽짜리 행사였다. 그러나 부정적인 측면만 있는 것은 아니다. 간접적으로나마 **센터 내 소통 부재 상황, 직원들의 숨어 있는 욕구와 바람, 위에서부터든 아래에서부터든 일방성을 띨 때 나타나는 압력과 저항**을 확인할 수 있었다.

다음 해 직원 간담회는 한 단계 성숙한 과정으로 진행되었다. 먼저 부득이한 경우를 빼고 모든 직원이 참여할 수 있게 했다. 그리고 간담회 전에 센터 미비점을 좀 더 정확하게 확인하고 건설적인 대안을 마련하고자, '윤리 경영', '직원 인권과 권리', '근무 환경 개선' 등에 관한 설문 조사를 실시했다. 그 조사 결과를 안건으로 하여, '직원 간 허심탄회한 대화와 대안 마련'이라는 분명한 목적을 가지고 직원 간담회를 열었다. 이후에도 몇 차례 간담회 방식을 개선했다. 현재는 연 2회 실태 조사와 간담회를 병행하고 있다.

* * *

해를 거듭할수록 긴장되고 예민한 분위기도 많이 누그러지고 있다. 무엇보다 책임을 전가하는 방식에서 함께 책임을 분담하고 함께 노력하는 방식으로 점차 변화하고 있다.

올해는 한 단계 더 진일보하기를 기대한다. 간담회를 통해 직원 간 갈등과 오해를 풀고, 관계가 더 돈독해지며, 무엇보다 업무 추진과 소진 해소에 직접적으로 도움이 되면 좋겠다.

'어쩔 수 없이 참석하는' 회의가 아니라 '가고 싶은' 자리가 된다면 금상첨화일 텐데, 마음 한쪽에서 '욕심이 지나치다'는 작은 목소리가 고개를 든다.

일터에서 길을 찾다

25. 소진과 친절 사이

모든 인간에게 선한 양심이 있음을 믿는다. 사회적 약자를 존중하고 보호하기로 결심한 사회복지사는 두말할 것도 없다. 그 누구보다도 선한 의지로 똘똘 뭉친 사람이라 할 만하다. 그러나 현실은 그렇지 않다. TV 뉴스에 단골 소재로 등장하는 것이 복지시설에서 일어나는 종사자의 인권 유린 아니던가! 그런데도 나는 내 믿음을 수정하고 싶지는 않다. 그래서 현실과 믿음이 괴리되는 이유를 나는 '선한 양심의 발현을 막는 걸림돌'에서 찾았다.

선한 양심을 막는 걸림돌, 소진

걸림돌은 한둘이 아니다. 과한 업무, 충분하지 않은 보상, 조직 내 다툼, 불공정 등 밖에서 일어나는 원인과, 가치관의 차이, 회복 탄력성 부족, 성격적 특성, 성격 장애 등 심리 내적으로 일어나는 원인, 그리고 이런 내외적 요인에 의해 나타나는 피로감, 무기력증, 자기 혐오, 우울 등 스트레스 상황을 만들어 내는 모든 것이 우리의 선한 양심을 가로막는다. 이런 걸림돌을 요즘은 '소진'이라 표현하고 있다.

소진은 센터 직원들에게도 최대의 걸림돌이다. 어원에서 잘 드러나듯이 소진의 특징은 육체적·정서적 고갈 상태와 냉소적 반응이다. 친절하려고 해도 친절할 수가 없다. 존중하려고 해도 존중할 의도와 에너지를 찾을 수 없다. 다 타고 남은 재처럼, 연료 부족으로 멈춰 선 자동차처럼, 일을 추진할 열정도 멈춰 서고 만다. 일터에서 일어나는 모든 것이 눈엣가시로 다가온다. 우리 일터도 이런 연유로 몇몇 직원을 떠나보냈다.

소진 예방을 위한 노력

시설 변경 후 개관 3주년을 맞이할 즈음, 여러 방면에서 변화가 찾아왔다. 이전에는 직원에게 의무와 성실과 '되어야 하는 것'을 강조했다면 재위탁(3년마다 구청과 재계약을 맺는 과정) 이후에는 직원의 복지와 권리와 '되고 싶은 것'에 초점을 두기 시작한 것도 그 변화 중 하나다. 자연스럽게 소진 예방을 위한 노력도 병행했다. 매년 업무를 조정하여 형평성을 유지하려 했다. 각종 실적과 평가에 대한 보상을 확대했다. 관계에서 오는 스트레스를 줄이기 위한 프로그램도 마련했다. 예산 내에서 할 수 있는 만큼 불공정한 부분을 해소하고자 애썼다.

이러한 구조적인 노력 외에도, 연수, 면담, 동료 슈퍼비전, 동료 지지 모임, 동호회, 회식 등으로 소진 예방에 기여하고자 했다. 모든 직원을 만족시킬 수는 없겠지만, 예전에 비하면 요즘 직원들의 얼굴에서 웃음이 많아진 것은 분명해 보인다.

친절을 강요하지 말자

소진과 친절 사이에는 분명한 상관관계가 있다. 소진이 많으면 친절이 줄어들고 소진이 적으면 친절은 많아진다. 그러나 그 역은 성립하지 않는다. 그러니 직원에게 친절을 강요하지 말자. 아무런 효과가 없다. 소진을 줄이는 데 에너지를 쓰자. 소진이 줄면 선한 양심은 저절로 살아나 친절과 존중이 일터를 가득 채울 것이다. 소진도 전염성이 있듯이 친절도 전염성이 있다. 일터에 친절이 전염되려면 어떻게든 소진을 막아라.

무르익을 때가 온다

때로는 시간이 약이 되기도 한다. 무르익을 시간이 필요하다고나 할까. 처음에 과도하게 다가오는 업무도 시간이 지나면 쉬워진다. 그러니 시작 지점에서 과도하다 하여 너무 쉽게 성내거나 포기하지 말자. 소진을 줄이는 데는 조직의 노력도 필요하지만, 일정한 시간을 참아 낼 직원의 인내도 필요하다. 시간으로 쌓아 올린 경험과 역량이 일 처리 능력과 관계 능력을 2배로 만들어 줄 것이다.

일터 차원에서도 소진 예방 노력은 하되, 직원이 친절하지 않다고 하여 너무 조급해하지 말자. 닦달하지도 말자. 일터가 노력하고 개인이 참아 내면, 무르익을 때가 온다. 그때는 소진과 친절 사이에서 마치 파도타기 하듯, 일터와 직원 모두 '걸림돌'을 거뜬히 넘어설 수 있을 것이다.

2부

길 위에서
길을 내다

익숙할 때쯤 어김없이 찾아오는
일터의 소용돌이,
그 속에서
한 단계 성장하고픈 몸부림으로
건강한 조직 운영과 리더십,
협력 · 소통 · 존중이라는
관계의 어울림을 향해
새롭게 길을 내다

4장

새롭게 길을 내다

건강한 조직, 건강한 리더,
전문적 역량을 갖추려는 몸부림이
새로운 길을 열다

26. 중간 관리자 관점

27. 벗어날 수 없다면 즐기자! (슈퍼비전)

28. 새 포도주는 새 그릇에 (제안제도)

29. 줄탁동시 (신입직원)

30. 직원 고충 처리

31. 폭력 앞에서

32. 누구나 꼰대

33. 관리자 덕목

26. 중간 관리자 관점

우리 일터 최고 리더는 긴 회의를 싫어했다. 짧게 회의를 하려면 효율성이 뛰어나야 했는데, 그래서 우리 일터 회의에는 몇 가지 독특한 특징이 있었다. 하나는 전 직원이 참여하는 것, 다른 하나는 논의보다는 보고 형식이 주를 이루는 것, 세 번째는 사소한 것까지 최고 리더가 결정을 내리는 것이었다.

현실과 괴리되다

복합시설로 전환하여 모든 것을 새롭게 시작하자, 기존 방식과 맞지 않는 상황과 현실이 자주 발생했다. 무엇보다 기존 회의 구조로는 복잡한 운영 구조와 늘어난 사업량을 감당할 수 없었다. 특히, 사업별 특성에 따른 심도 있는 논의가 불가능했고 다양한 상황에 맞추어 사업을 실행하기도 어려웠다. 여기에 직원 간 잦은 충돌과 일방적·일률적 방식이 분란에 불을 지폈다.

이런 문제 상황의 원인은 쉽게 찾을 수 있었다. 첫 번째는 우리 일터가 당면한 상황에 대해 신속하고 면밀하게 대처할 만한 논의 구조가 없었다. 두 번째는 직급이 낮을수록 입을 열지 못하는 분위기 때문에 다양한 의견을 수렴할 여지가 없었다. 세 번째는 복지시설 통상 관례에 따라 '팀장제'를 도입했지만, 유명무실하다 할 만큼 작동하지 못했다. 즉 팀과 팀장의 위임 권한이 불명확했고, 모든 결정을 최고 리더가 내렸으므로 공식적으로 권한과 역할을 명시할 필요가 없었으며, 그 결과 팀별 활동 범위는 협소했다. 특히 팀장은 자신이 어떤 역할을 해야 하는지 몰라 엉거주춤 서 있을 뿐이었다.

새로운 변화와 걸림돌

원인이 명확했으므로, 해결점도 명확했다. 나는 먼저 직원 전체가 참여하는 회의를 월 1회로 축소할 것을 제안했다. 그리고 '팀장회의'와 '팀별회의'를 제안하여 팀 내 사업에 대한 팀장과 팀원의 의사가 충분히 반영될 수 있게 했다. 마지막으로 팀장급 이상만 참여하는 '간부회의'를 신설하여 센터 주요 상황을 점검하고 팀별회나 팀장회의에서 올라온 의제에 대해 충분히 의견 교환할 것을 제안했다.

새로운 회의 구조를 적용하자, 효과는 금방 나타났다. 팀별 논의와 활동이 활발하게 되었고, 실무 담당 직원들이 자기가 맡은 사업을 주도적으로 추진하는 분위기가 형성되었다. 무엇보다 개별 직원의 의사가 센터 운영 전반에 녹아들기 시작했다. 다양한 의견과 창의적인 생각을 주고받으면서 센터의 미흡한 부분들을 조금씩 채워 갈 수 있었다.

그러나 미처 예상하지 못한 문제도 추가로 나타났다. 직원들의 의사가 자유롭게 표출되자 사안들이 다소 복잡해지는 경향이 생겼고, 종종 의견 대립으로 효율성이 떨어지는 일도 있었으며, 각 직급의 역할과 권한이 모호해 충돌하거나 책임을 지지 않는 영역이 드러나기도 했다. 특히 팀장들이 어떤 역할을 해야 하는지 혼란스러운 상황이 자주 발생했다.

모든 제도가 그렇듯 의도한 결과가 콩 볶듯이 바로 나오는 것은 아니다. 무르익을 시간도 필요하고 가려운 곳을 긁어 주듯 보완하는 과정도 필요하다. 나는 회의 구조를 새롭게 바꾼 이후에도, 효율적인 운영과 팀장제를 안착시키기 위해 몇 가지 후속 작업을 진행해야 했다.

중간 관리자적 자세를 제시하다

경험해 본 적이 없을 때 역할 혼란이 오는 것은 당연하다. 시간이 지나 경륜이 쌓이면 저절로 해결될 수 있겠지만, 사업 추진이 점점 정체되고 팀장들이 과하게 스트레스를 받는 상황에서는 뭔가 조처해야만 했다.

우선 역할 혼란을 줄이기 위해 팀상의 직무를 일목요연하게 명료화했다. 크게 네 분야로 정돈했다. 팀 업무 총괄, 팀원 관리, 간부회의 참여, 중간 관리자 역할 등. 이 중에서 중간 관리자 역할에 대해 좀 더 살펴보자.

새로운 회의 구조로 전환하는 과정에서 과도기적 현상이라 할 만한 일들이 자주 일어났다. 특히, 팀장이 자신의 직무를 어떻게 수행해야 하는지 잘 몰라, 중간에서 위쪽과 아래쪽 의사를 전달만 할 뿐 아무런 결정을 하지 못했다. 자유롭게 욕구를 표출하는 팀원으로부터 과한 압력을 받는 동시에, 팀장의 소임을 요구하는 사무국장과 센터장의 압력에 자주 스트레스 상황에 노출되었다.

막다른 골목에 처한 팀장들에게 돌파구가 필요했다. 핵심은 리더십 문제였다. 돌파구 첫 단계로, 중간 관리자로서 어떤 관점으로 어떻게 처신

해야 하는지 구체적으로 교육하는 것부터 시작했다. 드러난 문제들을 해소하는 차원에서 다음과 같이 중간 관리자의 자세를 제시했다.

- **팀원의 의견과 요구를 센터 전체를 아우르는 시각(관리자적 시각)으로 사정(평가)하여 받아들인다.**
  - 직장 내 통상 문화와 상식, 스스로 해결할 수 있는 일, 타인에게 부담이 되는 요구, 공지 사항을 숙지 못하여 발생하는 문제 등 팀장 선에서 정리할 수 있는 사안을 불만과 요구의 형태로 상급자에게 전달되어 불필요한 혼란이 발생하지 않도록, 1) 각종 운영 규정과 타 직원의 입장에 근거하여 살펴본다. 2) 외부 상황과 타인을 바꿔서 해결하려 하기 전에, 팀원에게 자기 성찰적인 접근을 제시한다.

- **상급자와 소통할 때는 팀장(중간 관리자)으로서 갖는 관점을 제시한다.**
  - 팀 내 문제에 대해 투명인간처럼 모든 결정과 해결 방안 제시를 윗선에 넘기지 않도록, 1) 상급자와 소통 시, 팀원의 의견에 팀장의 관점을 더하여 표현한다. (ex. 팀원이 ~~라 말하는데, 제 판단은 이렇습니다.)

- **긴급 상황이나 분장 범위를 넘어서는 상황에서는 팀장 관할 영역을 확장한다.**
  - 업무 분장 범위를 넘어서는 상황이 발생할 때, 자기 업무 영역을 협소하게 해석하여 업무 처리를 누락하거나, 업무 지시를 거부하고 고충으로 받아들이는 일이 일어나지 않도록, 1) 책임소재가 흐릿한 업무 발생 시, 자신의 업무 연관성을 확장하여 처리한다. 2) 이런 일이 반복될 때는 사무국장과 논의하여 업무 분담과 책임 소재를 명확히 한다.

중간 관리자의 지시와 전달 방식을 논하다

간부회의를 신설하여 간부들(팀장, 국장, 센터장)의 다양한 의견과 관점을 공유하고 조율함에 따라, 조직 운영에 숨통이 트이기 시작했다. 문제는 간부회의 의결 사항을 팀장이 팀원들한테 전달하는 과정에서 일어났다. 간부회의 결과를 대변하거나 이해시키기보다는 앵무새처럼 전달하다 보니, 오해와 불만이 증폭하는 경향이 있었다. 그리고 다른 팀에 속한 직원에게 협조를 구하는 과정에서 팀이 다르다는 이유로 비협조적인 태도를 보이거나 팀장들 사이에서조차 불편한 기색이 생겨나면서, 이러지도 저러지도 못하는 상태에 빠지기도 했다.

이를 해결하기 위해 팀장 회의를 통해 다음과 같이 지시와 전달 방식을 공유했다.

- 간부회의 의결 사항을 팀원에게 전달할 때는 제3자적(유체이탈화법) 표현을 조심한다.
  - 결정된 사안은 자신의 의견처럼 다룬다.
  - 전달 과정에서 문제가 드러나면, 간부회의에 재상정하여 해결한다.

- 지시할 사안과 부탁할 사안을 구분한다.
  - 업무 연관성이 있으면, 팀 구분 없이 지시 방식을 선택한다.
  - 업무 연관성이 없으면, 다른 팀장 영역을 침해하지 않는 선에서 협조를 부탁한다. 그 부탁을 당사자가 받으면 아무 문제 없다.

중간 관리자의 보고 방식을 논하다

팀 업무에서는 팀장이 당연히 주도성을 가져야 한다. 그러나 현실에서는 그렇지를 못했다. 어떤 일에 대해 나름대로 판단과 욕구를 가지는 것

일터에서 길을 찾다

은 너무나 자연스러운 일이다. 더욱이 팀장으로서 분명한 관점을 가지고 있어야 한다. 그러나 오랜 습관과 분위기 때문일까? 팀장들이 투명인간처럼 자신의 의견을 제시하지 않거나, 팀원의 의견인지 팀장의 의견인지 분간이 어려울 만큼 뭉뚱그려 보고하는 일이 많았다. 이 때문에 사소한 부분까지 센터장이나 사무국장이 결정하는 일들이 자주 발생했다.

책임지고 싶지 않은 마음이 작용했을 테지만, 결과적으로는 팀장들의 입지를 좁히는 결과를 초래했다. 책임을 지지 않으니 리더십을 발휘할 수도, 자신의 의사를 관철할 수도 없어, 위쪽과 아래쪽에 의해 휘둘리는 처지가 되었다.

몇 가지 원인을 찾아냈다. 첫 번째는 팀장들의 보고 내용에서 허점을 발견할 수 있었다. 일어난 일과 그 일에 대한 판단이 뒤섞여서 실제로 무슨 일이 일어났는지 파악하기가 쉽지 않았고, 혼란 속에서 자신의 의견을 정리하기가 어려웠을 것이며, 그래서 결정을 상급자에게 맡겨 버리는 일련의 과정이 펼쳐졌다.

그러다 보니, 보고 방식이 언제나 같았다. '이러저러한 일이 있는데, 어떻게 할까요?'라고 말이다. 이 보고 방식이 두 번째 원인이다. 이런 방식에서는 언제나 상급자가 답을 줄 수밖에 없다. 상급자가 결정을 의도하는 것이 아니라, 질문의 형태가 그렇게 만들어 버린다.

세 번째는 위 두 원인의 결과로, 협의를 통해 대안이 만들어지기보다는 일방적인 지시에 따라 일이 처리된다는 데 있다.

첫 번째 원인을 해결하는 방안으로 나는 '정확한 상황'과 '팀장의 관점'

을 구분하여 보고할 것을 팀장들에게 요청했다. 무슨 일이 일어났는지 사실에 입각한 보고도 중요하고 이에 대한 팀장의 판단과 대처 계획을 보고하는 것도 중요하다. 그럴 때 상급자의 일방적인 관점으로 일이 처리되는 것을 예방할 수 있다.

두 번째 원인을 해결하는 방안으로는 새로운 보고 방식을 제안했다. 보고할 때 이렇게 질문하는 것이다.

"이러저러한 일이 있는데, 이렇게 정리할 수 있어서, 이러이러한 식으로 처리하려 합니다. 어떻게 생각하시나요?"

여기에는 질문하는 사람의 관점과 역할과 책임을 포함하고 있다.

이러한 질문은 자연스럽게 세 번째 원인을 해소할 수 있게 한다. 상급자의 권한을 침해하지 않으면서도 팀장의 관점을 충분히 반영할 수 있으며, 상급자와 의견이 다를 때조차 최소한 협의와 설득 과정을 밟을 수 있다. 새로운 보고 방식을 정리하면 다음과 같다.

- '사실에 입각한 정확한 상황'과 '팀장의 판단과 관점'을 구분하여 보고한다.
- 보고&질문 형태 : '~일이 있는데, 이렇게 정리할 수 있어서, 이런 식으로 처리하려 합니다. 어떻게 생각하시나요?'
- 팀장의 관점과 상급자의 관점이 다를 때는 협의와 설득 과정을 거쳐서 처리한다.

27. 벗어날 수 없다면 즐기자! (슈퍼비전)

2019년 가을, 법인에서 주관하는 리더십 세미나에 참여했다. 그곳에서 나는 사회복지사가 슈퍼비전을 받아야 하는 당위성을 학교 강의실 밖에서는 처음으로 접했다. 강사는 법인 산하 어느 복지관 관장이었고, 실무자에서 최고 관리자까지 두루 사회복지 업무를 섭렵한 이력 때문인지, 제시한 슈퍼비전 과정에 실무 직원을 향한 배려가 곳곳에 배어 있었다.

강의를 들으면서, 우리 센터도 각종 회의와 개별 면담과 지시를 통해 이미 슈퍼비전을 제공하고 있는 셈이었지만, 그것이 전문적이지 않았다는 것을 절실히 깨달을 수 있었다. 모든 직원이 사업 추진 중에 이루어지는 관리자의 지도와 면담이 슈퍼비전에 해당하는지조차 모르고 지나왔다는 것도 알 수 있었다.

슈퍼비전 분위기 조성

전문성이 부족하다는 창피함과 슈퍼비전 체계를 갖추어야 한다는 절실함을 가지고 일터에 복귀했다. 슈퍼비전 관련 서적을 구입했다. 관련 강의를 찾아서 이수했다. 그 후 몇 개월 동안 주워들은 기초 지식에 뼈와 살을 붙여서 다음 해 2월 즈음 우리 일터의 슈퍼비전 체계를 완성했다.

그러나 마련한 체계를 바로 시행할 수는 없었다. 직원들이 적극적으로 참여하기 위해서는 슈퍼비전의 목적과 의도에 충분히 공감할 수 있는 시간이 필요했다. 무엇보다도 업무의 연장선으로 생각하지 않기를 바랐다. 오히려 동기를 부여하고 소진을 예방하며 업무 수행을 지원하고 전문성을 강화하는 기회와 성장의 시간으로 받아들이기를 바랐다.

제일 먼저 팀장급 이상 관리자를 대상으로 슈퍼비전 직무 교육을 실시했다. 직무 교육은 이론 교육과 슈퍼비전 절차 교육, 의사소통 교육으로 진행했다. 이어서 슈퍼바이지로 참여할 직원들에게도 간단한 이론 교육과 절차 교육을 진행했다.

낯선 과정에 대한 반감

드디어 4월 즈음, 센터 첫 슈퍼비전 과정을 시작했다. 여름이 지날 무렵, 직원들의 불만이 터져 나왔다. 슈퍼바이저들은 슈퍼바이저대로, 슈퍼바이지들은 슈퍼바이지대로 고충과 욕구를 표출했다.

불만의 가장 큰 이유를 '업무 과중'에서 찾았다. 작성할 문서와 소요되는 시간이 부담스럽다고 했다. 그다음 이유로는 '복잡한 절차'를 들었다. 익숙하지 않은 것에서 오는 반감이 예상보다 컸다. 마지막으로 사회복지 외 직종에 종사하는 직원들은 슈퍼비전 과정 자체가 자신들의 업무와 연관성이 부족하다 판단하고 있었다.

결국, 팀장 중 하나가 업무 과중을 이유로 직을 내려놓으면서 센터 첫 슈퍼비전 과정은 마무리하지 못한 채 멈출 수밖에 없었다.

성찰과 새로운 시작

성찰의 시간이 필요했다. 조직 개편에 발맞추어 슈퍼비전 모든 과정을 다시 정돈했다. 우선 절차를 단순하게 만들었다. 업무 과중을 예방하기 위해 슈퍼비전 횟수도 줄였다. 특히, 사회복지사가 아닌 직종에 종사하는 직원에게는 슈퍼비전 과정을 필수가 아닌 선택 사항으로 전환했다.

이듬해 봄, 슈퍼비전 과정을 새롭게 시작했고, 이후 몇 가지 추가 보완을 거쳐서 지금은 센터 현실에 맞춘 슈퍼비전 체계를 안정되게 실행하고 있다.

독특한 점

센터 슈퍼비전 체계에는 몇 가지 독특한 점이 있다. 현실에 적응하려는 조처였지만, 나름대로 의미 있는 부분이라 여겨져 여기에 적어 본다.

첫 번째는 사회복지사 외 직종의 경우, 슈퍼비전 참여를 선택으로 전환했다. 슈퍼비전에 참여하지 않는 직원에게는 슈퍼비전을 대신해 개인 면담을 진행하고 있다. 이는 지지와 협업이 필요한 직원을 위한 형평성 차원의 조치이다.

두 번째는 정기적 슈퍼비전은 축소하고 수시 슈퍼비전은 확대했다. 직원들의 자발적인 참여가 중요하다고 판단했기 때문이다. 무엇보다 필요한 때에 적절한 슈퍼비전을 진행하는 것이 업무 효율성을 극대화할 수 있다고 보았다.

세 번째는 전년도 직원 역량분석 자료를 슈퍼비전에 적극 활용했다. 미흡한 역량 중심으로 슈퍼비전 목표를 설정하여 실질적인 변화와 성장을 모색했다.

네 번째는 외부 슈퍼비전을 전 직원을 대상으로 하는 전문가 초빙 강의로 차별화했다. 다만 실무적 차원에서 외부 슈퍼비전이 필요할 때는 동료 슈퍼비전 과정 안에서 추진하되, 현장 경험이 많은 타 기관 사회복지사의 도움을 받기로 했다.

마지막으로, 센터 구조상 담당 업무와 총괄 업무를 모두 맡은 팀장들의 업무 과중을 예방하기 위해, 팀장은 슈퍼바이저에서 제외하고 슈퍼바이지로만 참여할 수 있게 했다.

* * *

직원들과 슈퍼비전을 통해 만나는 일은 기대할 만한 일이면서도 두려운 일이기도 하다. 기대할 만하다고 한 것은 미리 준비한 만남에서 얻는 유익이 있기 때문이다. 서로를 이전보다 더 잘 알 수 있다. 오해를 풀고 따뜻한 마음이 오가기도 한다. 가끔은 전혀 생각지도 못한 아이디어나 대안을 공유할 수 있다.

반면 두려운 일로 다가오기도 한다. 나는 어쭙잖은 지식이나 특수한 경험을 나도 모르는 사이에 일반화하여 충고와 지적질을 할까 봐 두렵다.

그러나 벗어날 수 없는 일이라면 즐기는 쪽에 초점을 두기로 했다. 부정적인 것에 마음을 빼앗기지 않으려 한다. 질문과 대답 사이에서, 오해가 풀리고 이해가 깊어지고 새로운 통찰이 일어나길 바란다. 충분히 생각을 공유하여 더 깊은 공감에 다가가길 바란다. 그리하여 '여기에 있는 것이 그런대로 괜찮은 선택이라는 것'을 모두가 알아차릴 수 있다면 더없이 좋겠다.

28. 새 포도주는 새 그릇에 (제안제도)

환경이 바뀌고 시대 분위기가 바뀌면, 복지센터를 찾는 이용 어르신들의 필요와 욕구도 자연스럽게 바뀌기 마련이다. 좋은 제도라 해도 내·외적 환경 변화에 따라 적절히 개선할 필요가 있고, 꼭 필요한 사업이라 판단하여 센터 주력 사업으로 추진하더라도 이용 어르신의 다양한 욕구를 충족하기에는 역부족일 때가 있다.

그러므로, 새로운 욕구에 맞춘 새로운 사업과 서비스를 시기적절하게 계속 창출해 내야 한다. 이를 위해서는 무엇보다 직원들의 열정과 참신한 아이디어가 필수적이다.

담아낼 그릇이 없다

그러나 업무 과중과 소진 상태에 놓여 있거나, 직원들의 창의성을 담아낼 그릇(논의 구조, 제도 등)이 부족할 때는 변화와 욕구에 맞춰 새로운 운영 방식과 사업을 실행하기가 여간 힘든 것이 아니다.

종종 변화에 신속하게 대응하기 위해 관리자 주도로 추진되는 일들도 있으나, 자발성이 부족한 곳에는 언제나 크고 작은 반작용이 나타난다.

참신한 아이디어가 가끔 회의 석상에 올라오더라도, 영글지 않은 생각에는 허점이 많으므로 이내 비판에 직면하고 석상에서 사라지고 만다.

새 그릇을 만들다

이러저러한 문제에 직면하여 새로운 물꼬를 트기 위해 나는 직원을 대상으로 하는 운영 개선 프로그램 하나를 일터에 제시했다. 이는 직원의 창의성과 자발성을 장려하고 복지 서비스의 질적·양적 향상을 목적으로 하는 '제안 제도'였다. 제안의 범위는 크게 세 가지로 정리했다.

- 복지 서비스(특화 사업, 공모 사업 포함)의 개발
- 직원의 협력과 의사소통을 위한 프로그램 개발
- 운영의 효율성 증대와 예산 절감을 위한 시스템 제안

심사 기준과 배점 방식도 함께 마련하여, 일정 등급 이상일 때 제안을 채택하기로 했다. 더불어 포상 제도를 개선했는데, 이유는 노력에 대한 지지와 보상 없이, 열정과 헌신을 지속할 수 없다는 것을 모든 직원이 경험적으로 알고 있기 때문이다. 현재 이 제도는 운영 규정에 '제안 세칙'으로 정리하여 시행 중이다.

그 영향

모든 공모 사업은 이 제안 제도를 통해 심사하고 채택한다. 덕분에 지난 몇 년간 활발하게 공모 사업을 추진하여 일터에 많은 이바지를 했다. 그뿐만 아니라 이용 어르신의 민원 해소와 예산 절감, 그리고 효율적인 운영을 위해 새로운 서비스를 도입하고 제도를 개선했다.

일터에서 길을 찾다

직원의 창의성과 자발성을 북돋는 이러한 과정은 업무에 따른 스트레스나 소진과는 거리가 멀다. 연장 근무와 육체의 피곤은 쌓일지라도, 오히려 일에 대한 만족감과 사회복지에 대한 열정을 되찾는 지름길이 되기도 한다. 무엇보다도 직원의 창의성과 자발성을 결합한 사업을 실행할 때는 월등히 질 좋은 서비스를 이용 어르신에게 제공할 수 있다. 제안 제도 실행 이후 나는 이런 변화를 일터에서 자주 목격하고 있다. 옛 성현의 말씀처럼, 새 포도주를 낡은 그릇에 담아서는 그 맛과 향을 오롯이 낼 수가 없나 보다.

29. 줄탁동시 (신입직원)

입사 3개월

새로운 일터에 들어와서 업무를 익히고 새로운 조직 문화와 운영 방식에 적응하려면 누구나 일정한 시간이 필요하다. 보통 수습 기간이라 하여 신입 직원이 적응할 시간을 허락한다. 그 기간에는 서툴고 실수를 해도 너그럽게 보아 넘겨줄 수 있다.

수습 기간을 대체로 3개월로 잡는 데에는 그만한 이유가 있다. 그동안 신입 직원이 우리 일터에 적응해 가는 과정을 살펴본 결과, 3개월 정도면 일터에서 벌어지는 상황과 사건을 충분히 경험할 수 있고, 분장 업무에 능숙하게 되며, 독특한 조직 문화에도 웬만큼 적응할 수 있다. 3개월이 지나기 전에는 열정을 갖고 들어온 신입 직원이라 해도 대부분 고충을 토로했다. 매일 녹초가 되어 집에 돌아간다. 업무가 과다하다고 불평한다. 업무 처리 방식이나 조직 문화에 고개를 갸우뚱거릴 때도 있다. 적응하기 어려워 금방 퇴사할 것만 같은 직원도 있었다. 그러나 3개월이 지나면, 정말 신기하리만큼 문제가 해결되곤 한다. 3개월만 버티면 된다. 3개월은 사회복지를 수행할 수 있는 전문적 자질을 익히는 최소한의 기간인 셈이다.

일터에서 길을 찾다

그래서 너무 이른 시기에 퇴사 같은 극단적 선택을 하지 않도록, 어떻게 하면 신입 직원이 겪는 과도한 스트레스를 줄이고 적응 시간을 단축할 수 있는지가 관리자의 초점이 될 수밖에 없다.

교육을 보강하다

일터 입장에서도 직원이 교체되는 시기는 비상 상황으로 인식하게 된다. 추진 사업이 멈춰서기도 하고, 기존 직원들의 업무가 과중되기도 한다. 이 상황을 빠르게 해결하는 방법은 한 가지밖에 없다. 신입 직원이 가능하면 빨리 일터에 적응할 수 있도록 돕는 것이다. 결국, 일터에서 추진하는 사업을 원활히 하고 신입 직원의 적응과 업무 능률을 향상하기 위해서는 신입 직원을 대상으로 하는 교육을 강화해야 한다.

시설 변경 전 가정복지센터에서는 신입 직원 교육을 단순하게 진행했다. 센터장이 중심이 되어, 기관 소개, 업무 인수인계, 간단한 행정 처리 교육 등 실무 업무를 바로 시작할 수 있는 정도로만 교육을 진행했다. 그래도 크게 문제 될 일은 없었다. 비교적 업무가 적고 직원 수도 적어서 쉽게 적응했기 때문이다.

그러나 복합 문화·복지시설로 전환하여 새롭게 문을 연 문화복지센터에서는 업무량이 늘어난 것은 물론이고 복잡한 운영 구조와 사업 구조 아래서 종사자에게 요구하는 전문적 역량 수준이 한층 높아졌기 때문에, 이에 걸맞은 충분한 교육이 필수적이었다. 개관 초기에 이전 방식으로 진행했다가 겪은 착오 경험을 토대로 신입 직원 교육을 다음과 같이 보강했다.

우선 인수인계 과정을 좀 더 철저히 진행했다. 인계하는 업무의 내용과 관련 자료를 상세히 기록하여 넘기도록 했고, 최대한 직접적이고 경험적으로 익힐 수 있도록 대면 교육 시간을 늘렸으며, '업무 인수인계서'를 작성하여 관리자의 확인 과정을 거치게 했다.

일터 내 인권 문제가 발생하면서부터는 직원 인권 및 위기 대응 교육과 이용인 인권 교육을 추가했다. 각종 문서 작성 방식과 사업 추진 과정의 이해를 돕는 교육도 함께 진행했다. 직원 간 상호 협력할 수 있는 기반을 다지기 위해서 센터 주력 사업에 대한 실습 교육도 확대했다.

현재 일터에서 진행하는 신입 직원 교육의 총 이수 시간은 30시간이다. 교육량이 방대하여 짧은 기간에 모든 정보를 습득하기에는 불가능하므로 1개월 이내로 교육을 진행하고 있다(운영 규정에서는 '2개월 이내'로 명시하고 있으나, 일터 실정으로 볼 때 2개월은 너무 길다).

줄탁동시

신입 직원이 잘 적응하려면 신입 직원 스스로 노력하는 모습도 필요하다. 이수 시간만 보면 매우 짧은 교육 시간이므로, 어떤 분야는 개괄 설명에 그치게 된다. 그러므로 신입 직원 스스로 교육 내용을 익히는 데 많은 시간을 할애해야 한다. 교육 자료와 관련 자료를 반복해서 읽고 숙지해야 하고, 다른 직원과 원만한 관계를 유지하기 위해 애써야 하며, 시행착오는 당연한 것이니 실수를 두려워하지 말고 직원으로서 할 수 있는 적극적인 활동도 필요하다. 병아리가 알에서 깨어 나오려면 안쪽에서도 사력을 다해 껍질을 쪼아야 하는 것처럼~!

이런 노력의 바탕 위에서 일터 차원의 지지와 배려가 더해질 때, 3개월이 지난 어느 시점에 신입 직원이란 딱지를 떼고 일터 직원으로서 분명한 정체성을 만나게 된다.

30. 직원 고충 처리

직장 내 괴롭힘 금지법(근로기준법 제6장의 2)이 2019년 7월 16일 자로 시행되었다. 법으로 만들어지기까지, 오랜 시간 '직장 문화'라는 측면과 '인권 침해'라는 측면이 충돌하며 때로는 논란이 되고 때로는 방치가 되고 때로는 모호한 처리를 반복하는 사이에, 우리 사회 일터에서는 너무도 많은 사건·사고가 일어났다. 지위나 관계 우위를 이용해 동료에게 신체적·정신적 고통을 주는 장면들이 TV를 통해 하루가 멀다 하고 방영되던 때도 있었다. 그래도 결국 역사는 발전하는 것인가 보다. 법이 시행에 들어가자, 한동안 변화의 물결이 우리 사회를 휩쓸었다. 우리 센터도 이 흐름을 따라가지 않을 수 없었다.

별도 기구를 설치하다

법 시행을 앞두고 고용노동부는 '괴롭힘 대응 매뉴얼'을 배포했다. 이 매뉴얼을 참고하여, 센터 상황에 맞게 괴롭힘 예방 및 대응 시스템을 마련하고 직원의 동의를 거쳐서 운영 규정에 편입시켰다. 그러나 마련한 시스템이 제대로 작동하려면, 피해 사건의 접수, 상담, 조사, 심의, 조치에 이르는 일련의 과정을 담당하는 별도 기구가 필요했다. '근로자 참여 및 협력 증진에 관한 법률 제26조'에 따르면, 모든 사업장에는 근로자의 고충을 청취하고 이를 처리하기 위해 고충처리위원을 두어야 한다. 그러나 30명 미만 사업장은 그렇지 않다. 우리 일터는 건물 2층 지역아동센터와 아이휴센터를 포함해도 30명을 넘지 않았으므로 설치 의무가 없었다. 그러나 논의 끝에, 문서에만 존재하는 '괴롭힘 예방·대응 시스템'이 되지 않도록 직원 보호 차원에서 공식적인 '고충처리위원회'를 설치했고, 4명의 위원을 두어, 직원과 관련한 모든 인권 침해와 고충 문제를 담당하게 했다.

피해 사건을 접수하다

고충처리위원회를 설치하고 직장 내 괴롭힘 예방 교육과 절차 교육을 진행한 후, 몇 개월 사이에 여러 건의 피해 사건이 접수되었다. 법적인 문제 소지가 있는 것부터 업무 스타일의 차이와 독특한 직장 문화에서 빚어지는 고충까지 다양했다. 처음 가동하는 시스템에다가 처음 접해 보는 문제여서, 이를 해결하는 과정이 만만하지 않았다.

특히 고충처리위원들이 심혈을 기울였다. 적법하고 객관적인 시선을 유지하려 노력했을 뿐 아니라 누구도 상처가 되지 않기 위해서 조심스럽게 접근했다.

지금 돌아보면, 우리 일터도 시대적 흐름을 비껴갈 수 없었던 것으로 보인다. 세대 간 충돌로 해석할 수도 있고, 시대 정신에 발맞추어 가는 집단 지성의 발로라 해도 틀린 표현은 아니라 생각한다. 집단 지성 덕분에 미처 깨닫지 못했던 일터 내 일방성을 가진 문화나 일 처리 방식을 개선하는 계기도 되었다.

녹초가 되다

사건 처리를 마무리하자, 고충처리위원들이 녹초가 되었다. 덤으로 주어진 업무인데 강도가 너무 셌다. 보상도 충분하지 않았다. 몇 명은 위원직을 그만두고 싶다고 했다. 해결 방안을 찾아야 했다. 위원회 회의를 통해 정리한 해결 방안은 다음과 같다.

> ∨ 고충처리위원회 업무를 축소하기 위해, 위원회 심의 범위를 '성희롱' 관련 사항, '괴롭힘' 관련 사항 등 법적인 문제로 제한한다.
> ∨ 그 외 '직원의 욕구나 불만 사항'은 기존 의견 수렴 구조(직원회의, 관리자 면담 등) 안에서 해결한다.
> ∨ 고충처리위원의 심리적 고충 해소와 예방을 위해 노력한다.

이후 몇 건의 고충 사건이 센터를 휩쓸고 지나갔다. 위원장을 제외한 모든 고충처리위원이 바뀌었다. 새 임무도 주어졌다. 인권과 근로 환경을 개선하기 위한 설문 조사와 직원 간담회도 매년 진행하고 있다. 반복 운동이 근육을 만들어 몸의 저항력을 키우듯이, 고충처리위원회도 근육을 만드는 중인지도 모르겠다.

고충 해소 통로를 확장하다

그동안 직원 고충을 처리했던 일련의 과정과 고충처리위원회에서 대안을 제시한 덕분에, 나는 우리 일터의 고충 해소 통로를 여러 갈래로 확장하고 각 처리 방식도 면밀하게 다듬을 수 있었다.

고충처리위원회를 제외하고 크게 세 갈래로 정리했다. 첫째는 직원 전체가 월 1회 참여하는 '월초회의'에서, 고충 사항을 '안건'과 '건의' 두 방식으로 처리할 수 있게 했다. 둘째는 사무실 앞 게시판에 설치한 '고충 처리함'으로, 익명성 보장이 필요한 경우 활용하게 했다. 셋째는 직원이 가장 쉽고 빠르게 고충을 해소할 수 있는 접근으로, '관리자 면담' 방식을 면밀히 다듬었다. (자세한 절차는 지면상 생략해야겠다)

분란 속 피어난 희망

나는 우리 일터가 고충을 다루고 처리하는 기술적·절차적 능력을 갖추기를 바랐다. 그리고 일터 구성원들이 너무 쉽게 외부(고충처리위원회, 윤리위원회 등)에 의존하기보다는 기존 논의 구조 안에서 자발적인 자기표현과 참여로 조직 내 해결 역량이 커지기를 바랐다. 또한, 그때그때 적절하게 문제를 제기하여, 자그마한 불만과 스트레스가 큰 분란으로 비화하는 것을 막고 싶었다. 마지막으로 센터 직원들이 욕구 불만을 표출할 때, 대안도 함께 제시하기를 바랐다.

이 모두가 그동안 겪은 분란 속에서 피어난 '안타까움'이자 '희망 사항'임을 밝혀야겠다. 그리고 이 희망 사항이 현실이 되도록 만든 절차가 곧 위에서 설명한 '다양한 고충 해소 통로들'이다.

제일 바람직한 것은 1) **'센터에서 고충이 발생하지 않는 것'**이다. 이는 모든 면에서 시설을 완벽하게 운영해야 가능한 일이다. 그다음 바람직한 것은 2) **'고충 해소 통로들을 활용할 기회가 없게 되는 것'**이다. 이는 고충이 있다손 치더라도 직원들의 관계 역량과 협업 역량으로 조기에 해결할 때 가능한 일이다. 마지막으로 바람직한 것은 3) **'고충이 발생했을 때 위**

고충 해소 통로들이 잘 발휘되는 것'이다. 여기엔 관리자들과 담당자들의 '운용의 묘'가 절실하다. '첫 번째'는 앞으로도 실현하지 못할 것 같다. 지금 우리 일터는 '세 번째'를 향해 달려가는 중이다. 고충 해소를 위한 최후의 보루 격이니 어떻게든 '세 번째'에 가까이 다가가야 한다.

그러나 개인적으로 나는 '두 번째'가 가장 좋다고 생각한다. '첫 번째'에 비해 현실적이기도 하고, 동료들을 신뢰하고 싶기도 하고, 오뚝이처럼 넘어져도 바로 일어나는 '회복 탄력성'이란 인간 성장 메커니즘을 담아내고 있기 때문이다. 일터에서 일하는 동안, 구성원 모두가 조금씩 성장해 가는 모습을, 나는 정말 보고 싶다.

* * *

고충처리위원회를 설치한 지 벌써 4년째를 맞고 있다. 이제 고충 문제를 '제기'하는 것에서 고충 문제를 '예방'하는 차원으로 전환한 것 같은 좋은 예감이 든다. 이 예감이 '현실'이 되고 '장래'가 되면 참 좋겠다.

31. 폭력 앞에서

운영 초기(시설 변경 후), 운영 체계를 충분히 갖추지 못한 상황에서 이용 어르신의 불만도 많았지만, 이를 응대하는 직원들의 스트레스 강도도 매우 높았다. 종종 어르신의 고성, 비난, 비하 등 언어폭력도 일어났다. 누구든 갑작스러운 폭력 앞에서는 몸과 마음이 얼어붙고 어떻게 대처해야 할지 몰라 허둥대곤 한다. 센터 직원들이 그러했다. 몇몇 직원들은 반복되는 언어폭력으로 고통을 호소하기도 했다.

어찌할 바를 모르다

하지만 복잡한 운영 상황과 업무 과중 상태에서는 위기 대응 매뉴얼조차 만들지 못했다. 당연히 일터 차원의 대처가 미흡했다. 당시 관리자는 관리자대로, 응대 직원은 응대 직원대로 위기 앞에서 자신이 어떤 역할과 대응을 해야 하는지 잘 몰랐다.

사실 관리자들 대부분은 과거 실무를 담당했던 시절에 언어폭력 정도는 이용인을 달래고 설득해서 쉽게 해결한 경험들이 있다. 때로는 이런 경험이 패착이 될 수 있다. 제도나 환경을 개선하는 것보다는 직원 개인의 역량에 초점을 맞출 가능성이 더 크기 때문이다.

우리도 비슷했다. 제도 개선은 뒤로 밀려났고, 암묵적으로 직원 개개인의 역량을 강조하는 분위기를 자아냈다. 화가 난 이용 어르신을 달래는 데 초점을 두는가 하면, 상처받은 직원에게 공감하고 지지를 보내는 것만으로 문제 상황을 해결하려 했다. 그러나 잠깐은 효과가 있었으나, 날이 갈수록 직원은 더욱 예민해져서, 작은 자극에도 스트레스와 상처를 더 쉽게 받는 것 같았다.

위기 대응 지침을 마련하다

대책 마련이 시급했다. 나는 먼저 일터 상황에 맞게 위기 대응 매뉴얼을 만드는 작업을 시작했다. 일터에서 일어날 수 있는 폭력 상황을 분류하고 각각에 대해 대처 방안을 강구했다. 이는 보건복지부 지원으로 한국사회복지협의회가 발간한 '사회복지시설 종사자 폭력 피해 예방 매뉴얼' 자료에 힘입은 바 크다. 크게 세 가지 방향으로 정리했다.

> ∨ 안전한 업무 환경 구성
> ∨ 각종 폭력 대응 절차
> ∨ 위기 대응팀 구성과 사후 관리

지침 마련 후, 일터 차원의 위기 대응 노력이 힘을 받기 시작했다. 먼저 업무 환경을 안전하게 개선하는 작업을 추진했다. 직원 보호를 위한 안내 문구를 곳곳에 부착하는 일부터 시작해서, 대피 공간과 동선을 확보하고, CCTV 추가 설치, 각종 안전 장비(비상벨, 잠금장치, 호신용 장비, 녹취기) 설치 등 예산이 허락할 때마다 개선 작업을 진행했다. 몇 년에 걸친 노력

끝에, 현재는 안전 장비만큼은 나무랄 데 없이 잘 갖추었다고 생각한다.

위기 대응팀도 구성했다. 소규모 시설인 만큼, 효율성을 위해 간부회의가 그 일을 대신했다. 매 분기 위기 대응 회의를 통해 일터 상황을 점검하고 대응팀 역할을 확인하고 학습하고 있다.

위기 대응 역량 기르기

직원의 위기 대응 역량은 매뉴얼을 만들었다고 해결되는 것은 아니다. 우리 일터는 직원의 위기 대응 역량을 높이기 위해, 매년 정기적으로 예방 교육을 진행하고 있다. 이 교육을 통해 각종 폭력 상황에서 실무 직원이 대응할 수 있는 절차와 방법을 반복해서 익힌다. 더불어 대처에 미흡한 부분을 발견하면 점검 회의를 통해 조금씩 일터 차원의 대응 능력을 향상하고 있다.

이용인 대상 인권 교육도 병행하고 있다. 그동안 일터에서 문제가 되었던 언어폭력 상황을 교육 자료로 활용하여, 현실을 반영한 살아 있는 교육이 되고자 노력한다. 직원 안전 관련 설문 조사도 매년 시행하고 있다. 첫 조사에서는 안전과 관련해서 기대 이하 결과가 나왔지만, 해가 갈수록 직원들의 인식도 긍정적으로 변화하고 있다.

직원이 편안해야 길이 보인다

감사하게도 폭언하는 이용인이 거의 사라졌다. 이용 어르신의 욕구를 충족할 수 있는 통로와 기회가 많아졌기 때문이지만, 직원들의 노력 덕택이라 생각한다.

얼마 전부터 이용 어르신을 다루는 솜씨가 예사롭지 않은 직원들이 눈에 띄기 시작했다. 어르신이 불평해도 긴장 없이 차분히 설명하는가 하면, 친절한 태도로 예의를 지키면서도 유머로 분위기를 전환하여 부정적인 감정이 증폭되는 것을 막는 노련미도 보여 주고 있다.

직원이 편안해야

찾아오는 손님도 편안한가 보다.

손님이 편안하면

우리 일터는 저절로 안정을 찾는다.

32. 누구나 꼰대

지나간 세대가 지금 세대에게 예전 가치와 문화를 주장하고 강요할 때, 그 옛 세대를 '꼰대'라 한다. 학교에서 선생을 가리켜서 이르는 학생들의 은어로 시작했지만, 지금은 보편적인 말이 되었다. 때로는 젊은이들이 자기 생각과 다르다는 이유로 또는 자기들이 원하는 것에 맞추지 않는다는 이유로 윗 세대를 '꼰대'라 칭하기도 한다. 충분히 이해되는 측면이 있다. 그러나 좀 지나치다는 생각이 내 마음 한구석을 차지하고 있다는 것도 솔직히 말해야겠다.

내가 정의하는 '꼰대'는 이렇다. **'내가 안다'고 할 때, 그리고 그 앎을 타인에게 강요할 때, 꼰대가 된다. 나이와 상관없다. 문화의 차이와 상관없다. 스스로 '다 알고 있다'라는 입장에서 빠져나올 수 없다면, 누구나 꼰대가 된다.**

괴팍한 어르신

한 어르신이 사무실로 전화를 했다. 사무실 직원이 이렇게 응대한다.

"안녕하세요~ 문화복지센터입니다. 무엇을 도와드릴까요?"

어르신이 다짜고짜 묻는다.

"왜 거기는 기본이 안 되어 있나? 전화를 받는 즉시 직책과 이름을 대야지. 내가 꼭 이렇게 물어봐야 하나? 거기 관리자 좀 바꿔 봐!"

당황한 직원이 전화를 사무국장에게 돌려 준다. 직원들 교육을 똑바로 하라고 한다. 사무국장이 돼서 뭐 하냐고 한다. 나는 용건을 물었으나 그는 아무런 설명 없이 전화를 끊어 버렸다.

아마도 전화 받는 방식이 맘에 안 들어 너무 화가 났던 모양이다. 그런데 도대체 뭐가 중요한 것일까?

'직원 이름 알아서 뭘 하려 하지? 불친절했던 것도 아니고……. 궁금한 것이 있든 요청할 것이 있든 해소만 하면 될 텐데…. 전화 받는 방식이 하나만 있는 것도 아니고…….'

수많은 생각이 스쳐 지나갔다. 이런 어르신을 나는 과감하게 '꼰대'라 부를 것이다. 고집스럽고 가르치려 하고 무시하는 태도, 이 모두가 '자신이 알고 있고 자신이 옳다'는 신념에서 비롯되었다.

초라한 당당함

어느 날 센터 차량 열쇠가 사라졌다. 직원들이 이리저리 찾아보아도 발견하지 못한다. 시설 담당 직원이 차량 일지를 확인해 본다. 마지막 차량 사용자는 사무국장으로 되어 있다. 나는 즉시 주차된 차량 위치를 CCTV를 보며 살펴보았다. 며칠 전 내가 세워 놓은 위치가 아니었다. 나는 당당하게 말했다.

"내가 마지막이 아닙니다. 내가 주차한 곳은 여기가 아닙니다. 그리고 나는 분명 그날 차 열쇠를 관리함에 넣어 두었습니다."

나는 열쇠를 찾아볼 생각을 아예 하지 않았다. 내가 가지고 있지 않다고 확신했으니까! 다음 날에도 직원들이 열쇠를 찾지 못했다. 그날 저녁 퇴근 후, '혹시' 하는 마음에 옷장에 걸어 놓은 웃옷 여러 벌 주머니를 살펴보았다. 이럴 수가~!!!

꼰대는 참 힘들다

안다고 할 때 생기는 일이 있다. 아집과 고집이 생긴다. 가르치려 한다. 상대를 무시한다. 그리고 질문이 사라진다.

우리는 지극히 일부분만 알고 있을 뿐인데도,
전부를 알고 있는 것처럼 살아간다.
마치 눈 먼 사람이 코끼리 다리를 만져 보고
코끼리가 기둥처럼 생겼다고 주장하는 것처럼 말이다.

이런 태도가 '꼰대'지 뭐 다른 게 있겠는가. 그래서 누구나 '꼰대'가 될 수 있다.

꼰대는 참 힘들다. 자신도 힘들게 살지만, 주변 사람을 너무 힘들게 한다. 그런데도 자신이 꼰대인 줄 모르니, 이를 어찌하면 좋을까?

'나는 모른다'에서부터

한 가지 방법밖에 없다. '모른다'에서 시작하자. 타인이 요청하지 않는 한, 알고 있는 것을 말할 필요도 없고, 자신의 앎을 따라야 한다고 우길 필요도 없다. 이것이 꼰대에서 탈출하는 유일한 방법이다.

그거 아는가? **내가 모를 수 있다는 것을 받아들이는 데서부터 귀가 열리고 마음이 열리고 공감과 이해가 일어난다.** 그러니, 우리가 언제나 잘못 들을 수 있고, 잘못 볼 수도 있고, 잘못 생각할 수도 있고 잘못 알고 있을 수도 있다는 사실을 받아들이자. 그럴 때 비로소 삶의 진실과 여유와 배려와 수용이 어떤 모양으로 펼쳐지는지 알게 된다.

소크라테스가 '너 자신을 알라'고 한 것처럼, 지혜는 자신이 모르는 것을 아는 것에서 출발하는 것 아닐까! **진짜 바보는 지식과 정보가 부족한 사람이 아니라, 자신이 모르고 있다는 것을 모르는 사람이다.**

33. 관리자 덕목

그동안 수많은 논의와 사업 수행, 그리고 사건·사고 속에서 듣고 보며 알게 된 '리더'의 덕목을 나는 이렇게 정리한다.

속도 조절 능력

빠르게 또는 일률적으로 진행하는 것이 꼭 좋은 결과를 내는 것은 아니다. 신속하게 처리할 일이 있고, 여유를 두고 처리할 일도 있다. 빠르게 결정해야 할 일도 있고, 굳이 결정하지 않아도 되는 일도 있다. 때로는 숙성시키듯 기다림이 필요한 일도 있다. 이처럼 일의 성격과 속도를 알아차리고 경우에 합당하게 대처할 수 있다면 멋진 리더가 될 수 있다. 그러나 관리자 대부분 신속·실적·결정 욕구의 유혹을 이기기가 쉽지 않다. 그 반대일 수도 있다. 아무런 결정도 내리지 않고 완결 짓는 일이 드문 경우 말이다.

신속하게 추진해야 할 일이라는 것이 뭐가 있을까? 직원의 고충이나 이용 어르신의 고충이 접수되었을 때, 주무 관청이나 법인 등 상위 기관에서 요청한 업무, 미리 계획하고 직원들의 에너지를 많이 투여한 사업, 긴급성을 요하는 일, 직원의 사기를 북돋울 수 있는 일 등이 여기에 속할 것 같다.

　반대로, 충분한 의견 수렴과 기다림이 필요한 일이라는 것이 뭐가 있을까? 아무리 이용인이나 직원의 욕구 불만 사항일지라도 다른 사람들의 욕구에 반하거나 충돌의 여지가 있는 일은 신속하게 처리하는 것이 오히려 독이 될 수 있다. 이때는 충분히 의견을 교류할 수 있는 장을 여는 것이 결정을 짓는 것보다 훨씬 중요하다. 이용 수칙이나 운영 지침을 변경해야 할 때, 결정 시 변화의 폭이 심한 경우, 새로운 사업을 시작할 때, 직원이 작성한 문서의 내용이 부실하여 보완이 필요할 때, 직원 역량과 관련한 일 등도 이에 해당한다. 이런 일들은 신선 유지보다는 숙성해야 맛이 좋다.

다양한 관점의 수용

　누구나 입장 바꿔 생각해 보는 것이 잘 안 된다. 자기 시선에 갇혀 있기 때문이다. 일터에서 일어났던 수많은 사건·사고 속에서 이런 상태를 쉽게 발견할 수 있다. 팀원은 팀원대로, 팀장은 팀장대로, 관리자는 관리자대로 자기 관점을 가지고 있다. 이용인은 이용인대로, 시설 직원은 시설 직원대로 처한 상황과 입장이 있다.

　자기 입장이 있다는 것은 지극히 자연스러운 일이나, 문제는 자기 입장만을 고수할 때 일어난다. 이때는 대화도, 협력도, 소통도 멈춘다. 실무 직원이 입장을 고수하면 일이 진행이 안 되거나 협력 관계도 어그러지고 무엇보다 조직의 방향을 상실할 수 있다. 이용인이 입장을 고수하면 감정적으로든 행정적으로든 낭비되는 에너지가 매우 크다. 관리자가 입장을 고수하면 조직은 경직되고 자발성이 사라지며 활력을 잃는다. 대신에 각종 민원과 고충을 처리하는 기구가 바쁘다.

열쇠는 관리자에게 있다. 직원이 자기 관점을 내세울 때, 관리자는 그 관점에서 보아야 한다. 이용인이 자기 입장을 굽히지 않을 때도 관리자가 주도하여 이용인 관점에 서 보아야 한다. 무조건 내 입장을 내려놓으라는 의미가 아니다. 다양한 관점에 서 보아야만 중간 어디쯤이든 새로운 대안이든 돌파구가 마련되기 때문이다.

"상대를 설득하면 되지 않느냐?"라고 반문할 수도 있다. 그러나 먼저 상대 입장에 서서 상대 처지를 이해하지 않고서는 모두가 수긍할 만한 설득은 일어나지 않는다.

내어 맡김 : 위임 그리고 신뢰

관리자가 모든 일에 관여할 필요는 없다. 관리자가 모든 것을 결정할 필요도 없다. 오히려 내어 맡길 때 조직이 편안히 숨을 쉬듯 잘 돌아가기도 한다. 반면에 시시콜콜 관리자가 확인하고 관여할 때 어떤 상황이 펼쳐질까? 온통 책임과 권한이 관리자에게 쏠린다. 실무자는 책임질 필요가 없으니 스스로 알아서 하는 일이 적다. 무엇보다 중간 관리자가 할 일이 사라진다. 일의 성과가 미흡하든지 스트레스와 소진 상태가 강화되든지 한다. 관리자 시선에서 열심히 하는 일들이 실무 직원 시선에서는 과도하게 지적하고 감시하는 것처럼 다가와, 함께 있는 것조차 숨 막힐 수도 있다.

이런 조직의 병폐를 막기 위한 대표적인 방법이 위임·전결 처리이다. **각 직급 또는 직책의 역할과 책임과 권한을 할당하고, 권한 내에 있는 업무는 온전히 맡기는 것이다.** 하위 직급이 때로는 실수하더라도, 때로는 일 처리 방식이 다르더라도, 때로는 관점이 다르더라도, 큰 문제가 되는 사안이 아니면 그냥 맡겨 보는 것이다. 온전히 내어 맡길 수 있을 때 비로

소 관리자 자질을 갖추었다 하겠다.

종종 새로운 일을 시작하거나 긴급한 일이 발생하면 관리자가 할 일이 많아지는 것은 당연하다. 그러나 가능하면 빨리 실무 직원과 팀장에게 적절한 책임과 역할을 부여하여 사업을 추진해야 한다. 그렇게 하지 않으면, 대체로 두 방향에서 문제가 일어난다. 관리자 쪽에서는 관여하는 업무가 폭주하든지 과도한 명령과 지시로 일관하든지 할 것이고, 실무 직원 쪽에서는 전문성과 역량을 발휘할 기회도, 자발성과 성장(대체로 일터에서 만족을 경험하는 토대가 된다)을 끌어낼 여지도 사라진다.

모델링

나는 리더가 갖추어야 할 제일 중요한 역량은 '전체를 보는 시각'이라 생각한다. 산 아래서 놀다 가는 것과 산 정상에서 넓은 시야를 갖는 것의 차이라고나 할까. 업무에 파묻혀 버둥거리는 직원에게 일터 전체 상황과 방향을 제시할 수 있다면 이보다 멋진 관리자도 없을 듯싶다.

시대 상황과 이슈에 발맞추어 '가야 할 길'을 제시한다면 더할 나위 없겠다. 그러나 너무 멀리 가는 것은 현실을 외면하는 일이 될 수 있으니 한 발짝만 앞서 나가기를~! 어쨌든 실무 직원이 잘 보지 못하는 관점을 제시하는 역량은 동료에게 귀감이 되기에 충분하다.

자식은 부모를 닮게 되어 있다. 서로 다투어도 부모·자식 간은 원래 그렇다. 배우고 싶어서 그런 것이 아니다. 긴 시간 보고 듣는 것이 많아 저절로 그렇게 된다. 일터에서도 비슷하다. **리더가 보이는 행태는 어떻게든 영향을 주게 되어 있다. 그러니 말로 지시하는 것보다는 몸으로 보여 주는 것이 100배는 더 낫다.**

사무실 지저분한 것이 맘에 걸린다면, 먼저 청소하면 된다. 출근 시간을 잘 지키기를 원한다면 일찍 출근해서 그 영향을 보여 주면 된다. 이용 어르신을 잘 응대하길 원한다면 먼저 친절히 다가가면 된다. 시설 주변 쓰레기가 눈에 거슬린다면 그냥 주우면 된다. 이래라저래라 할 필요 없이 사소한 일은 사소하게 그냥 넘어가고 관리자가 몸소 실행하면 된다. 시간이 지나면 저절로 닮게 되어 있다.

지적과 지시로 일을 진행하는 것이 많으면 많을수록 일터는 스트레스와 압력이 커 간다. 그러니 리더라면 말보다는 행동으로 본보기가 되자. 본보기가 되지 못하겠으면 리더 역할을 내려놓는 것이 낫다. 그것도 못하겠으면, 최소한 말이라도 조심하자.

자신에게 더 철저히

윗글 '모델링'에 숟가락 하나 더 얹으려고 한다. 아들이 아빠 말을 잔소리로 듣는다면 그건 아들 잘못이 아니다. 아빠 말이 힘이 없는 이유를 살펴봐야 한다. 일터라고 다를 것이 없다. 관리자가 자신에게 더 철저하지 않으면, 실무 직원을 향한 말에 아무런 힘이 실리지 않는다. 성실히 일할 것을 요구하려면 먼저 자신이 성실해야 한다. 규정을 지킬 것을 지시한다면, 먼저 자신이 그 규정을 잘 지켜야 한다. '이렇게' 하겠다고 했으면, 어떻게든 '이렇게' 하면 된다.

그러나 자신에게 아무리 철저해도 **살다 보면 실수도 생기고 놓치는 일도 생긴다.** 문제는 이것을 대부분 **모른 척하고 지나간다**는 데 있다. 이럴 때 관리자의 덕은 메마르기 시작한다. 복잡하지 않다. 그냥 실수를 인정하면 된다. 때로는 잘못을 인정하고 사과해야 할 수도 있다. 그렇게 **고개**

를 숙여야만 다시 시작할 수 있고, 일과 관계 속 삶이 온전해진다.

자기 말을 지키기도 어렵지만 지키지 못한 말을 인정하는 것은 더 어렵다. 그래서 관리자는 아무나 하는 것이 아니다.

5장

더불어 길을 내다

함께 가야만 하는 길목에서

협력, 소통, 존중이라는

관계의 어울림을 그려 보다

34. 무더위 쉼터

35. 휴게 공간

36. 소통의 트라이앵글 / ① 경청

37. 소통의 트라이앵글 / ② 공감

38. 소통의 트라이앵글 / ③ 자기표현

39. 민주적 의사소통

40. 휴게 시간 & 회식

41. 여성 휴게실 / 직원 복지를 위한 마지막 미션

42. 조직의 꽃, 형평성!

34. 무더위 쉼터

유난히도 더운 2018년 여름이었다. 역대 최장 폭염 일수를 기록했고, 폭염에 따른 취약 계층의 고통 소리(온열 질환, 사망 등)도 이곳저곳에서 터져 나왔다. 당시 우리 일터는 한여름에 개관하여, 위탁받은 프로그램을 준비하느라 정신없이 보내던 때였으므로, 폭염과 관련한 복지 서비스를 생각할 여념이 없었다. 구체적인 대책은 다음 해 5월부터 시작되었다.

구청 팀장이 찾아오다

2019년 5월 어느 날, 구청 주무 부처 담당 팀장이 일터를 찾아왔다. 무더위 쉼터 사업에 대한 자세한 설명과 함께 우리 일터의 적극적인 참여를 독려하기 위해서였다. 구청으로부터 위탁받은 지 1년도 안 된 신생 사회 복지시설로서는 거부할 수 없는 요청이었다. 위험군에 속한 지역 사회 어르신을 보호하기 위한 사업으로 당연히 복지시설이 감당해야 했고, 무엇보다 위탁 계약서에 '구민의 사회복지 증진을 위해 자치구가 요청하거나 승인한 사업'을 포함하고 있었기 때문이다.

나는 직원들과 상의해서 어떻게든 시작해 보겠다고 구청 팀장에게 응답했다.

직원을 설득하다

직원 설득 작업을 시작했다. 설득이 쉽지 않은 과정이 되리라는 것은 이미 예상했다. 무더위 쉼터 사업 중 '연장 쉼터'는 저녁 6시에서 9시까지, '야간 쉼터'는 저녁 9시에서 다음 날 아침 7시까지 운영해야 했고, 폭염 특보 시에만 운영해야 하는 한계 조건 때문에, 따로 근로자를 채용하는 것이 곤란했으므로, 결국 일터 직원들이 야간 업무까지 감당해야 했기 때문이다.

설득 작업은 크게 3단계로 진행했다. 첫 단계로, 먼저 사업의 당위성을 다음과 같이 제시했다.

> ∨위험군에 속한 어르신들을 보호하는 사업이라는 것
> ∨구청의 적극적인 요청이 있고, 위탁 계약상 적극적인 참여가 필요하다는 것
> ∨신생 시설로서 사업 확대가 필요한 시점이라는 것

열심히 설명했지만, 직원들 반응으로 볼 때 별로 설득력이 없는 듯했다.

설득의 두 번째 단계는 무더위 쉼터 사업을 자세히 설명하는 것이었다. 설명이 끝나기도 전에 직원들의 불만이 터져 나왔다. 크게 두 가지 측면에서 문제를 제기했다. 하나는 '업무가 과중하다는 것'이었고, 다른 하나는 '직원 안전에 문제가 있다는 것'이었다.

부정적인 기류가 강함에 따라 자연스럽게 '대안 마련'이라는 세 번째 단계로 들어갔다. 다음은 논의 끝에 정리한 대표적인 대안 목록이다.

∨여성 직원의 안전을 위해, 자원봉사자와 직원 한 명을 추가로 배치하고, 야간 쉼터의 경우 그 대상을 '여성 어르신'으로 제한한다.

∨자원하는 직원과 팀장급 이상 직원을 우선 배치하되, 근무자에게는 특별 휴가를 제공한다.

∨여성 직원의 저녁 세면과 청결 문제를 해소하기 위해 샤워 시설을 설치한다.

알맞게 조정되다

이후 충분한 직원동의와 몇 가지 절차를 거친 후, 일터에 무더위 쉼터가 설치되었다. 얼마 후 구청 주무관으로부터 들려 오는 이야기가 있었다. 자치구에서 우리 일터만 연장&야간 무더위 쉼터 운영에 찬성했다고 한다. 문화복지센터 이미지에 긍정적인 영향을 미쳤다는 것도 함께 전해 주었다. 얼마 지나지 않아서 자치구 내에 있는 모든 복지관이 의무적으로 무더위 쉼터를 운영해야 했지만 말이다.

다행스럽게도 우리 일터는 직원들이 그토록 부담스러워했던 야간 쉼터를 운영하지 않아도 되었으니 이 또한 감사한 일이다.

* * *

매년 무더위가 기승을 부릴 때면, 직원들의 노고가 이만저만이 아니다. 첫 사업을 시작했을 때보다 직원 복지 수준을 하향 조정했음에도 모든 직원이 불평 없이 쉼터 사업에 참여하고 있다. 관리자의 처지에서는 이보다 더 고마운 일은 없다.

일터에서 길을 찾다

35. 휴게 공간

복지센터 건물은 지하 1층과 지상 3층으로 이루어져 있지만, 어르신 복지를 위한 전용 공간은 1층과 지하 1층 두 층으로 다소 협소한 면이 있다. 그리고 건물 설계할 때부터 촘촘하게 사용 목적을 반영했던 터라, 여유 공간이 거의 없다고 보면 된다. 이 때문에 추가 사업을 진행하려 할 때 공간 확보가 어려워, 종종 곤란한 상황을 경험하곤 했다. 어르신을 위한 휴게 공간도 그중의 하나였다.

불편을 호소하다

사업을 확장하고 참여 어르신 회원이 증가하면서 공간 활용 문제가 전면에 등장했다. 늘어나는 프로그램을 어느 시간과 어느 공간에 배치해야 할지 고민해야 하는 상황에 이르렀고, 더욱이 이용 어르신들이 복지센터에 머무는 시간이 길어지자, 여러 곳에서 휴게 공간이 충분하지 않다는 평가가 나오기 시작했다.

건물 내에 커뮤니티 카페가 있어서 어르신들의 쉼과 나눔 공간을 이미 확보하고 있었지만, 카페 특성상, 식사하거나 긴 시간 장기와 바둑 같은 취미 활동을 하기에는 어려움이 있었다. 식사와 관련해서는 "경로 식당이 있는데 무슨 문제가 있느냐?"라고 반문할 수 있을 것 같다. 그러나 무료 급식으로 추진하는 경로 식당은 일정한 자격 조건에 맞는 30여 명에게만 음식을 제공할 수 있었고, 일반 주민에게는 불가능했다. 지역 주민과 일반 어르신을 위한 유료 식당을 고민했으나, 구청과 협의하는 과정에서 여건상 불가능하다고 판단했다. 아직도 유료 식당은 추진하지 않고 있다.

이용 어르신들이 민원을 제기했다. 오후까지 센터 프로그램에 참여하려면 점심을 먹어야 하는데 **센터 주변에는 식당이 없고 센터에서도 식사가 어려우니, 카페에서라도 간단하게 식사할 수 있는 여건을 마련해 달라**는 것이었다.

이러한 요구를 바로 수용하기에는 다소 무리가 있었다. 카페 분위기나 서비스의 질이 떨어지는 것을 쉽게 예상할 수 있었고, 무엇보다 직원들의 반대가 오래전부터 있었던 터였다.

고민 끝에 휴게 공간을 따로 설치하는 것이 최선의 길이라 판단했다. 물론 직원들의 반발도 예상했다. 새로운 공간을 설치하면 관리 업무도 늘어날 수밖에 없으니 실무자들 처지에서는 당연한 일이다. 무더위 쉼터 설치 때처럼 직원들을 설득하고 동의를 구하는 과정이 필요했다.

직원과 논의하다

휴게 공간을 설치하는 것은 단순히 어르신의 쉼의 공간을 마련하는 수준에 그치는 것이 아니었다. 일차적으로는 식사 공간을 마련하여 민원을 해소하는 측면이 있었지만, 당시 프로그램을 진행할 공간이 부족했으므로 추가 공간을 마련하는 기회도 되었다. 그뿐 아니라 재정 여건이 어려웠던 커뮤니티 카페가 수익을 올리는 데에 일정 부분 도움이 될 수 있었다.

어쨌든 추가 사업을 추진하는 것이니 늘어 가는 회원들을 더 많이 수용할 수 있을 것이고, 사업 실적에도 긍정적인 영향을 줄 것으로 예상했다.

우선 휴게 공간화 계획을 마련하여 직원들에게 제시해 보기로 했다. 계획안의 뼈대는 **'경로 식당 일부'를 휴게 공간과 프로그램실로 활용하는 것**이었다. 계획대로 실행하려면 살펴볼 것이 많았다. 직원들과 논의 결과, 핵심 문제는 두 가지였다.

하나는 **'식당의 청결을 어떻게 유지하느냐?'**였고 다른 하나는 **'누가 휴게 공간을 관리하느냐?'**였다. 식당 청결 문제는 식사하시는 어르신들의 건강과 직결된 것으로 가볍게 넘어갈 사안이 아니었으므로, 직원회의를 여러 번 거쳐서 청결 방안을 마련했다. 휴게 공간 관리는 한 사람에게 과도하게 책임을 지우기보다는 가능하면 많은 사람이 관리 업무를 나누어 맡는 것으로 정리했다.

아, 펜데믹!

다음 해 2월에 휴게 공간을 여는 것으로 일정을 잡고 준비에 들어갔다. **그러나 그해 겨울 어느 날, 중국 우한에서 흉흉한 소식이 들려왔다.** 전 지구적인 팬데믹을 예상하는 뉴스들이 이어서 발표되었다. 그리고 2월 초, 코로나19 확산 대응으로 센터 사업이 축소되더니, 얼마 가지 않아 확진자 발생이 빈번하여 시설 폐쇄와 개방을 반복해야 했다.

안타깝게도 완벽하게 휴게 공간을 마련해 두었지만, 제대로 활용한 적이 없는 묘한 상황이 지금까지도 지속되고 있다. 팬데믹이 잦아들려면 최소한 2022년도는 지나야 할 듯싶다. 부디 2023년도부터는 애써 마련한 휴게 공간을 어르신들이 맘껏 사용할 수 있게 되기를~!

36. 소통의 트라이앵글 / ① 경청

건강한 소통은 '자신'의 감정, 생각, 욕구의 책임이 자기 자신에게 있다는 것을 이해하는 것에서 시작하여, '타인'의 감정과 생각, 욕구를 이해하고 인정하는 것으로 발전하며, 타인을 비판하거나 지적하지 않으면서 명확하게 자신의 의사를 표현하고 긍정적인 방향으로 의사를 조율하는 것에서 완성된다. 그러나 쉬운 일은 아니다.

갈등 상황

개관 초기부터 직원 간 갈등이 불거졌다. 하지만 일을 추진하기에도 시간이 부족한 시기였으므로 갈등 상황을 차분히 살펴볼 겨를이 없었다. 개관 1년이 지날 무렵, 직원 고충처리위원를 설치하고부터 불만과 갈등이 봇물 터지듯 전면에 부상하기 시작했다. 사소한 것까지 고충처리위원회로 접수하는 바람에 고충처리위원들이 홍역을 치렀지만, 어느 정도 해결점을 찾아 갈등을 봉합할 수 있었다.

그러나 임시방편에 불과했다. 소통과 관계 측면에서 우리 일터는 성냥불 하나로 집 한 채를 다 태울 만큼 허약했다.

소통 기술을 익히다

좀 더 근본적인 해결책이 필요했다. 다음 해 4월, 일단 직원 교육 차원에서 의사소통 교육을 추진했다. 소통 기술보다는 자신의 성격과 관계 성향을 이해하는 것이 먼저이겠다 싶어, 총 5회기에 걸쳐서 '교류 분석'과 '에니어그램'을 활용한 집단 교육을 진행했다.

그다음 단계로, 슈퍼비전을 활용해서 구체적인 '소통 기술'을 익히는 시간을 가졌다. 소통 기술은 단시일 내에 습득할 수 있는 것이 아니다. 머리로는 이해해도 몸과 말이 따라 주지 않으면 말짱 도루묵이다. 어찌하다 보니 2년 동안 소통 기술 훈련을 슈퍼비전을 통해 진행했다. 그만큼 직원들의 관계 개선 욕구가 강하다는 방증이겠지만, 조금 전에 말했듯이 소통 기술은 쉽게 얻어지는 것이 아니다.

아마도 지금쯤 모든 직원이 그동안 익혀 온 소통 기술과 상관없이 지내고 있는지도 모른다. 다행인 것은 자신의 대화 방식이나 표현 방식에서 적절하지 않은 부분이 있다는 것을 이제는 충분히 이해하고 있는 듯하다. 그리고 관점을 달리하면 생각도 상황도 바뀔 수 있다는 것도 받아들이는 듯하다. 어쨌든 예전보다는 협업과 관계 차원에서 많이 부드러워졌다.

그동안 의사소통 교육을 진행하며 정리한 소통 기술을 이곳에 내놓는다. 무엇이든 복잡하면 받아들이는 처지에서는 여간 힘든 것이 아니다. 그래서 어떻게든 단순하게 만들려 애썼다. 크게 3가지로 정리했는데, 나는 이를 **'소통의 트라이앵글'**이라 이름 붙였다. 첫 번째 소통 기술인 **'경청'**을 살펴보자.

잘 듣지 않는다

막힘이 없이 서로 연결되어 마음과 마음이 이어지는 것을 소통이라 표현한다면, 이 소통은 언제나 경청에서 시작한다. 잘 듣는 것이다. 이것이 생각만큼 쉽지 않다. **누구나 자기식대로 듣는다. 과거 기억으로 듣고, 미래의 염려나 기대로 듣고, 각자가 자기도 모르는 사이에 만들어 놓은 색안경(선입견, 신념 등)을 통해서 듣는다.**

경청을 훈련하려면 우선 자기 자신이 '잘 듣지 못한다'는 것을 확인하는 것부터 시작해야 한다. 방법은 간단하다. 상대방이 한 말을 앵무새처럼 따라 해 보거나 요약해 보라고 하면 금방 들통이 난다. 자기의 듣는 수준을 확인하고 나면 경청하는 자세부터 시작해서 난이도에 따라 듣는 훈련을 하게 된다.

경청 연습

경청 연습 과정을 요약하면 다음과 같다.

과정	주요 내용
경청 자세 연습	• 몸의 방향 / 추임새 / 시선 처리 / 경청 행동 등 • 연습: 자기소개하며 경청하기
일단, 눈과 귀를 열어요	• 무의식적으로 듣는 이전 방식에서 잠시 벗어나는, 있는 그대로 보고 듣는 훈련 • 연습: 보이는 것 알아차리기 / 들리는 것 알아차리기 / 처음 보듯이 보고, 처음 듣듯이 듣기

명료화하기	• 자기식대로 이해하는 경향성에서 벗어나는 훈련 • 연습: 상대방의 말을 거울 비추듯이 자기 말로 다시 말하기 – 앵무새 버전 / 요약 버전 / 자기 말 요약 버전
구나-있지 연습	• '~하는구나'와 '그럴 수도 있지'라는 단순한 표현으로 상황과 사건을 묘사하여, 잘 보고 잘 들을 수 있는 기반을 마련하는 훈련 • 연습: 맘에 안 드는 행동이나 사건을 '구나-있지'로 표현하기

경청의 기반

협업이든 소통이든 그 기반은 '존중'에 있다고 생각한다. 그리고 존중의 시작은 있는 그대로 보고 들으려는 노력에 있다. 알다시피 인간은 자기가 보고 싶은 대로 본다. 스스로 옳다고 여기는 틀로 사람을 보고 세상을 본다.

그래서 존중하기가 쉽지 않다. 존중하지 않는 대표적인 표현이 있다. '그렇게 하면 안 돼!' 결국, '자신의 틀을 내려놓고 있는 그대로 들을 수 있느냐 없느냐?'가 모든 소통과 관계의 질을 결정한다.

37.   소통의 트라이앵글 / ② 공감

사전을 찾아보면, 공감을 '남의 감정, 의견, 주장 따위에 대하여 자기도 그렇다고 느끼는 기분'으로 정의하고 있다. 엄밀히 따지면, 공감은 '함께 느껴 주는 것'으로, 감정 또는 욕구와 관련되어 있다. 남의 견해에 나도 그렇다고 하는 것은 '동의'라고 해야 적절하다.

이 지점에서 오해를 낳는다. 공감을 동의나 동감으로 잘못 받아들여 '공감하는 것이 너무 어렵다'라거나 자신을 '공감 못 하는 사람'으로 여기는 이들이 많다. 그러나 다른 사람의 생각에 동의하지 않더라도 그것과 상관없이 공감은 일어난다. 동감, 즉 똑같이 느끼는 것은 어려울지라도 '함께 느끼는' 공감은 쉽게 할 수 있다.

일단 잘 들으면 공감은 저절로 일어난다. 제대로 경청만 하면, 상대방의 마음이 전해지게 되어 있다. 그 사람이 뭘 원하는지 어떤 감정을 느끼고 있는지가 전해지기 때문에, 마치 다 된 밥상에 숟가락 하나 얹어 놓듯이, 그 위에다 공감적 표현과 태도를 더하면 된다.

감정 언어

이제 공감 기술을 살펴보자. 우선 감정 언어를 이해할 필요가 있다. 의외로 많은 사람이 감정 언어에 익숙하지가 않다. 가슴에서 수많은 감정을 느끼고 있어도 그것을 말로 적절하게 표현하는 것을 어려워한다. 가끔은 '감정이 잘 느껴지지 않는다'고 하소연하는 이들도 만난다.

그래서 공감 연습 첫 시작을 감정 언어 살펴보는 것으로 진행한다. 좋고 싫고, 유쾌하고 불쾌하다는 단순한 표현부터 께름칙하다, 뭉글뭉글하다, 허전하다 등 세밀한 표현까지 게임 형식을 빌려 직접 말해 보는 것이다. 그런 다음 본격적으로 공감 연습을 진행하는데, 크게 감정 공감과 욕구 공감으로 나누어 연습한다.

감정 공감 & 욕구 공감

연습 방법은 다음과 같다.

과정	방법
감정 공감	• 둘씩 짝지어, 한 사람이 감정 표현이 들어가지 않은 에피소드를 설명하면 다른 사람은 말하는 사람이 느꼈을 법한 감정을 표현한다. • 연습1: 감정만 표현하기 (ex. 답답하셨겠어요.) • 연습2: 명료화 후 감정 표현하기 (ex. 그러니까 (이러저러했다)는 말씀이시죠? 많이 놀라셨겠네요.)

욕구 공감	• 모든 행위와 생각과 감정 기저에는 '원하는 것'이 있다. 이것을 알아차리는 것이 공감의 핵심이다. 이 욕구를 발견하고 알아 줄 때, 훨씬 깊게 상대를 공감할 수 있다. • 연습1: 욕구 표현 살펴보기 • 연습2: 자신의 에피소드를 욕구와 함께 표현하기(ex. 그때 쉬고 싶었는데, 애들 놀아 주느라 정신이 없었다.) • 연습3: 마음이 불편했던 과거 사건을 한 사람이 얘기하면, 상대방은 1) 잘 듣고, 2) 감정 공감을 해 준 후, 3) 그 사건 속에서 뭘 원했었는지 물어 준다. • 연습4: 상대의 이야기를 들으면서, 틈틈이 감정 공감을 하다가, 상대의 핵심 욕구, 특히 좌절된 욕구가 발견되면, '~~하기를 원하셨군요', '~~이 필요했군요'라고 공감해 준다.

말 한마디의 힘

공감에 실패하는 가장 큰 이유는 '상대의 생각, 말, 행동에 대해 옳은지 그른지, 적절한지 아닌지, 나에게 도움이 되는지 아닌지 등등'에 지나치게 초점을 맞추기 때문이다. 그 결과, **쉽게 조언하고, 지적하고, 평가하게 된다.** 이는 저절로 일어나는 측면이 강하다. 그래서 판단이나 선입견을 내려놓고 일단 잘 듣는 것이 중요하다. 잘 들으면, 상대방이 어떤 감정이 있고, 어떤 욕구가 있는지 알아차리기가 더 쉬워진다.

가끔 알아차린 감정과 욕구를, 특히 좌절 속에서 경험하고 있을 법한 감정과 욕구를 살짝만 언급해 주어도, 상대방은 그 어떤 선물을 받은 것보다도 더 고마워할지도 모른다. 때로는 당신의 공감 한마디에 삶의 전환점을 맞이할 수도 있다.

38. 소통의 트라이앵글 / ③ 자기표현

소통의 미학

나는 자기표현을 '소통의 미학'이라 소개한다. 표현 방식을 어떻게 하느냐에 따라 사람의 마음을 얻기도 하고 다시는 보고 싶지 않은 얼굴이 되기도 하기 때문이다. 경청이 얼마나 중요한지 이미 말했다. 공감이 어떻게 사람의 마음을 얻을 수 있는지도 이미 말했다. 그러나 이것으로 소통이 완성되는 것은 아니다. 자기표현을 어떻게 하느냐에 따라 다 된 밥에 재를 뿌리기도 하고, 말 한마디로 천 냥 빚을 갚기도 한다. 그래서 '미학'이란 말을 붙였다.

잘못된 자기표현

경청과 공감이 쉽지 않은 만큼, 자기표현을 잘하는 사람도 흔치 않다. 자기표현이란 말을 오해하지 마라. 하고 싶은 말을 다 하고, 자기주장하는 것을 말하는 것이 아니다.

일터에서 직원들과 오랜 시간 지내보니, 크게 두 가지 방식으로 자기표현을 왜곡하는 것 같다. 하나는 조언과 지적과 불만으로 자신을 표현하는 것이고, 다른 하나는 어떻게 표현할지 몰라 불쾌한 감정을 억압한 채 그냥 참는 것이다.

생각과 감정을 있는 그대로

어떻게 하면 건강하게 자기를 표현할 수 있을까? 소통을 마음과 마음이 이어져서 마음을 잘 나누는 것으로 볼 때, 자기를 표현한다는 것은 '마음을 있는 그대로 드러내는 것'을 말한다.

그럼 마음이란 무엇일까? 너무 깊이 생각하지는 말자. 가볍게 우리 마음에서 무슨 일이 일어나는지 살펴보면, 크게 생각과 감정을 발견할 수 있다. 따라서 마음을 잘 나눈다는 것은 일차적으로 **'서로가 가진 생각과 감정을 잘 표현하는 것'**을 말한다.

그래서 자기표현 연습을 진행할 때 먼저 생각과 감정을 구분하여 마음을 표현하는 연습부터 한다. 그 방법은 다음과 같다.

과정	방법
생각과 감정 연결하기	• 감정은 홀로 일어나지 않는다. 언제나 어떤 생각 때문에 일어난다. • 연습: 마음속에서 일어나는 생각을 알아차리고, 일어나는 느낌 연결하기 - '~~ 생각을 하니, ~~ 감정이 느껴진다.' 형식으로 표현해 본다.
마음 나누기	• 마음을 나누는 실전 연습으로, 제대로 자기를 표현할 때 어떤 일이 일어나는지 경험할 수 있다. • 연습: 1) 한 사람이 지금 일어나는 생각과 감정을 표현하면, 2) 상대방이 공감을 한 후, 3) 자기 생각과 느낌을 표현한다. 4) 이 과정을 반복하며 대화를 나눈다.

나 전달법 & 비폭력 대화법

그러나 복잡한 상황과 관계 속에서 실제로 일어나는 자기표현은 이렇게 단순하지는 않다. 그래서 그다음 단계로 '나 전달법' 표현과 '비폭력 대화법'을 활용해 자기표현 연습을 하게 된다.

과정	방법
나 전달법	• 나를 주어로 하여, 내가 받은 영향을 표현하는 것이 중요. • 표현 방법 : 상대방의 행동 + 받은 영향 + 일어난 감정 • 연습: 과거에 불편했던 상황을 가지고, ' ~~할 때, ~~영향을 받아서, ~~한 감정이 들었어요' 형식으로 표현한다. (상황극 활용)
비폭력 대화법	• 나를 주어로 하여, 자신의 욕구를 표현하는 것이 중요. • 표현 방법 : 관찰 + 감정 + 욕구 + 요청 • 연습: 과거에 불편했던 상황을 가지고, '(보고 들은 것) ~~할 때, (감정) ~~느꼈어요. 왜냐면, (욕구) ~~원하기 때문이에요. (요청) ~~이렇게 해 주시겠어요?' 형식으로 표현한다.

* * *

세 요소의 통합

이제 간파했겠지만, **'소통의 트라이앵글'이라 표현한 '경청-공감-자기표현'은 분리된 개념이 아니다.** 유기적인 관계 속에서 서로 보완하고 통합하고 창조적으로 활용되어야 한다. 공감적 태도로 잘 들어야 하고 잘 말해야 한다. 비폭력적 대화 방식으로 잘 들어야 하고, 잘 말해야 한다. 잘 듣는 노력으로 공감이 일어나고 적절한 자기표현의 여지가 생긴다.

혹 주변에 소통을 잘하는 동료나 친구가 있는가? 그 사람들을 잘 관찰해 보라. 소통의 트라이앵글을 기계적으로 사용하지 않지만, **그 사람의 말이나 태도나 대화 속에서 경청, 공감, 자기표현의 세 요소가 적절하게 배어 나올 것이다.**

일단 과거의 소통 방식을 멈추고, 판단 없이 잘 들어보고, 상대방 입장에 서 보고, 무엇을 느끼고 무엇을 원하는지 살펴보고, 상대를 바꾸려 하기보다는 자기 자신을 있는 그대로 표현하는 것부터 시작해 보자.

39. 민주적 의사소통

어느 조직이든 구성원이 자신의 관점을 피력하기를 원하기 때문에, 의사 결정 과정에서 어느 정도 의견 다툼과 감정 소모, 그리고 좌절을 겪는 것은 자연스러운 일로 보인다. 우리 일터도 예외는 아니다.

설문 조사 결과

몇 년 전에, 직원을 대상으로 '권리 보장'과 관련하여 설문 조사를 진행했던 적이 있다. 40여 개의 분야별 설문 결과, 대부분 양호한 편이었으나 일부 분야에서는 중간치를 밑도는 결과가 나왔다. 그중 하나가 '의사 결정 구조의 민주성'에 관한 것이었다. 관리자 입장에서 생각해 볼 것이 많았다. 민주적 의사 결정이라…!

슈퍼비전을 통해 그 의미를 직원들에게 물어보았다. 명확하게 그 의미를 이해하고 있는 직원이 없었다. 그런데도 이 분야에서 긍정적인 평가를 줄 수 없었다는 것은 의사 결정 과정에서 자유롭게 의견을 표현할 수 없었거나 개인의 의사가 원하는 만큼 반영이 되지 않았기 때문일 것이다. 아니면 절차상의 문제일 수도 있겠다 싶었다.

'민주성'에 대한 연구와 공유

이와 관련하여 충분한 정보와 연구가 필요하다고 판단했다. 무엇보다 전체 직원이 공유할 수 있는 합리적인 민주적 절차와 방식을 더욱 명확하게 제시할 필요가 있었다. 긴 시간 동안 관련 정보를 취합하고 일터 현실에 맞는 의사 결정 절차를 고민했다. 1년여 시간이 지날 즈음, 집단 슈퍼비전을 통해 '민주적 의사소통'에 관한 내용과 절차를 공유했다.

다음은 '민주적 의사소통의 이해'라는 제목으로 실시한 슈퍼비전의 내용을 요약한 것이다.

① 민주적 의사소통의 의미

우선 '민주적' 또는 '민주성'에 대한 명확한 의미를 설정할 필요가 있다. 나는 '민주성'을 이렇게 정의한다.

민주성	1) 인간 존엄의 존중, 자유와 책임, 평등(차별 없음과 기회 균등)을 기본 가치로 하여, 2) 소수가 아닌 다수의 의견에 따라, 3) 다양성의 존중과 상호 이해 아래 대화와 타협을 통해 문제를 해결하며, 4) 의사 결정의 효율성을 위해 관련 규정에 따라 대의(대신하여 논의) 방식을 활용하는 일련의 소통 방식을 말한다.

이러한 민주적 방식의 의사소통에는 몇 가지 핵심 요소가 있는데, 나는 다음 4가지로 정리했다.

1) 참여	• 일터의 공식적 소통 구조에 적극적으로 참여한다.
	• 의사 결정 구조에서 개인 의사 표현을 보장한다.
2) 개인 의사 존중	• 모든 구성원이 제 목소리를 낸다. (다양한 관점과 미완의 견해 허용)
	• 회의 시, 개인 의사를 정당한 절차에 따라 채택 또는 거부한다.
3) 절차적 정당성과 결과에 대한 책임공유	• 민주적 의사 결정 절차가 작동한다.
	• 민주적 절차에 의해 결정한 사안은 구성원 모두가 존중하고, 실행 결과에 대해서도 책임을 공유한다.
4) 위임 권한의 존중	• 위임한 권한을 적절하게 사용한다.
	• 위임한 권한을 존중한다.

민주적 의사소통의 핵심 요소를 제시함에 따라, 일터의 운영 상태를 이 관점에서 점검했다. 미흡한 부분은 보완했고, 이미 지침과 규정으로 정리했으나 실행하지 못한 부분은 적용 가능한 방식으로 전환했으며, 새롭게 도입할 부분은 교육과 소통을 통해 현실에 맞게 구조화했다.

무엇보다 민주적 의사소통에 누구나 쉽게 접근할 수 있도록, 일련의 과정과 절차를 일목요연하게 정돈할 필요가 있었다. 급하게 먹으면 쉽게 체하는 법이다. 큰 그림을 그리고 구체적인 적용 방안도 마련했지만, 머리로 이해하고 몸으로 체득하여 민주성을 온전히 발현하려면, 점진적인 적용 과정과 무르익을 시간이 필요하다.

② 참여 확대와 개인 의사 존중

이제 민주적 의사소통의 핵심 요소를 일터에서 어떻게 구현했는지 자세히 살펴보자. 첫 번째 요소인 '참여적' 의사소통 방식은 다음과 같이 실

일터에서 길을 찾다

현하고 있다.

> ∨ **회의구조를 변경하다** (안건 토의 강화)
> ∨ **개별 사업 담당자가 사업 추진을 주도하다** (사업 기획·평가과정에 개별 담당자 의견을 최대한 반영 / 분장 업무에 대한 주도적 의견 개진과 실행)
> ∨ **제안 제도를 활성화하다** (직원의 창의적 아이디어를 적극 반영)
> ∨ **고충&문제 제기 통로를 확대하다**
> ∨ **의사 결정 기구 구성원을 직접 선출하다** (고충처리위원회, 시설운영위원회, 인사위원회 등)
> ∨ **이용인 참여를 확대하다** (참여위원회 활동 / 커뮤니티 활성화)

두 번째 핵심 요소인 '개인의 의사 존중'을 실현하기 위해서 일터는 다음과 같이 노력하고 있다.

1) 수용적 분위기 조성	• 다양한 관점을 받아들인다. • 비판과 지적을 삼간다.
2) 비폭력 대화 습득	• 경청과 공감적 반응의 확대 / 적절한 자기표현
3) 절차적 의사 존중 (회의 시)	• 내놓은 안건은 반드시 다룬다. (원동의/수정 동의) • 토론 시간을 보장하여, 찬성 의견과 반대 의견을 맘껏 표출하게 한다. • 의견이 일치하지 않을 때는 반드시 표결을 통해, 의사 채택과 거부의 정당성을 확보한다.

③ 절차적 정당성 확보

민주적 의사소통의 세 번째 핵심 요소인 '절차적 정당성'은 다양한 의견을 수렴하고 의사를 결정하는 과정에서 가장 중요한 부분이라 할 수 있다. 우리 일터는 절차적 정당성을 확보하기 위해 3가지 주요 기반을 마련했다.

1) 규정화	• 범위, 역할, 방식, 절차 등이 규정(지침 포함)으로 정리되어 있다. • 규정에 따라 실제로 실행한다.
2) 정당한 절차	• 안건의 조건 확보 : 명확성 + 긍정형 표현 / 재청 • 제안 설명-찬반 토론-표결의 기본 절차를 유지한다.
3) 다수결에 의한 결정	• 제일 좋은 것은 만장일치 • 의견이 일치하지 않을 때는 다수결에 따라 결정

현재 의견 수렴 시 적용하고 있는 구체적인 민주적 의사 결정 절차는 다음과 같다.

1) 안건의 채택	• 제안(동의)과 재청 과정이 있어야 함. (재청은 동의의 난립 방지용) • 애매한 제안은 명료화하여 다시 제출하게 해야 함 • 자동 상정 안건 : 하위 회의 기구(2인 이상)에서 상정한 안건
2) 제안 설명 & 질의 응답	• 제안자가 안건에 대해 부연 설명한다. • 설명 후, 구성원의 질의와 제안자의 응답 과정을 밟는다.
3) 토론	• 안건에 대한 반대 의견과 찬성 의견을 골고루 충분히 나눈다. • 비교, 분석, 통합하여 좋은 의견 파악이 목적 • 토론 중(or 토론 후) '수정 동의'가 있을 때, 수정 여부에 대한 토론과 표결 후, 가결되면 '수정된 원동의'를 가지고 토론을 이어 간다. • 토론 종결 동의와 재청 후, 이의 없으면 종결한다.

일터에서 길을 찾다

| **4) 표결** | 1) 원안(or 수정안) 가결에 대한 이의 여부를 묻기 (만장일치제) |
| | 2) 이의가 있는 경우, 거수, 기명, 무기명 투표 등을 사용하여 다수결 표결 |

cf) 토론이 필요 없는 간단한 제안(동의)은 바로 표결 처리

cf) **수정 동의** : 원안에 원칙적으로 찬성하면서, 내용 일부를 수정한 제안

cf) **동의&재청** : 동의는 '안건을 내어놓음'의 의미로 '의견에 찬성한다'라는 뜻 아님 / 재청은 '동의를 다시 청한다'라는 뜻으로 안건 채택에 반드시 필요 / 표결 시 사용하는 용어가 아니다.

민주적 절차대로 의사 결정을 했을지라도 이 '절차적 민주성'이 온전해지기 위해서는, 결정 사항이나 결과에 대해서 모든 구성원은 다음과 같이 책임을 공유해야만 한다.

1) 결정 사항 수용	• 찬반이 있어도, 표결로 결정한 사안은 구성원 모두 수용 필요
	• 공식적-비공식적 불만 자제
2) 실행 결과에 대한 책임	• 의결 사항을 일정 기간 집행할 수 있도록 수용-보장한다.
	• 집행 후 결과에 대해 책임을 전가하지 않는다.
3) 적법한 재상정	• 일정 기간 적용 후, 수정-보완이 필요해질 때, 안건 상정하여 처리
	• 안건 상정은 이전 표결에서 찬성한 자만 할 수 있다.

④ 위임 권한의 활용과 존중

마지막으로 민주적 의사소통의 네 번째 핵심 요소인 '위임한 권한의 존중' 분야를 정돈해 보자. 일터 내 여러 기구와 직급 및 직책의 권한을 적절

히 활용하고 존중하기 위해서는 무엇보다 권한의 범위와 내용을 명료하게 설정할 필요가 있다. 우리 일터는 운영 규정과 세부 지침을 통해 잘 정리되어 있다.

규정을 통해 위임한 권한을 존중하려면, 기구나 직급에 속한 구성원이 반드시 적절하게 권한을 행사해야 한다. 동시에 모든 구성원은 이들의 적법한 권한 행사를 수용해야 한다.

1) 적절한 권한 행사	• 운영 규정상 권한 설정에 준하는 권한 행사 • 민주적 의사 결정 절차 준수 • 통상 관례에 따른 권한 행사 • 권한 범위를 명료화하기 위한 지속적 노력 필요
2) 권한의 존중	• 운영 규정상 명시된 권한 행사의 존중 • 통상 관례에 따른 권한 행사의 존중

* * *

우리나라는 민주주의 역사가 매우 짧으나, 여러 방면에서 급속도로 성장하여, 민주주의의 많은 혜택을 누리고 있다. 그러나 국회에서 국회의원들이 논의하는 광경을 TV를 통해서 보면 알 수 있듯이, 그들은 토론하고 의사를 결정해 가는 과정에서 상상 이상으로 미흡한 모습을 쉽게 드러내고 있다. 일국의 나름 능력자들이 모여 있다는 국회조차 그러할진대, 조그만 일터에서는 말해 무엇하랴~! **대부분 우리는 민주적 절차를 통해 의견을 수렴해 가는 일련의 과정 경험이 매우 미천하다.**

그럼에도 불구하고 우리 일터는 민주적 절차의 기본 틀을 현실에 맞게 조정하여, 나름 '민주적 의사소통'이란 중요한 덕목을 시설 운영에 반영하고 있다. 비록 지금도 시행착오를 겪고 있지만, 4가지 핵심요소를 상호 침투적으로 잘 발현할 수 있도록 계속해서 견지해 간다면, 참여와 존중과 책임이라는 민주사회의 중요한 가치를 시설 운영에도 원만히 담아낼 수 있을 것이다.

40. 휴게 시간 & 회식

10여 년 전에 직원들과 함께 점심을 먹는 도중, 직원들 사이에서 오고 가는 대화에 나는 이렇게 끼어든 적이 있다.

"점심시간에 직장 상사와 함께 점심을 같이 먹는 것을 직장 회식이라고 하기엔 무리가 있지 않을까요?"

말이 끝나기가 무섭게 이곳저곳에서 반론을 제기했다.

"휴게 시간인데 의무적으로 참석하면 휴게 시간이 아니죠."

"어쩔 수 없이 참석하는 거라면 회식에 더 가깝죠."

"의무적으로 참석하는데, 사비로 사 먹는 것도 문제가 있다고 봐요."

불편한지도 몰랐던 시절

내가 태어나서 처음으로 휴게 시간과 회식에 대해 달리 생각하게 된 시작점이다. 그나마 당시에는 한 주에 한 번 금요일 점심시간을 이용해 전체 직원이 함께 식사했다. 그때로부터 7~8년 전으로 거슬러 올라가면(가정복지센터 시절 초기), 직원 전체가 매일 함께 식사했던 적도 있다. 당시에는 누구도 불편함을 밖으로 표출하지 않았다. 솔직히 나는 그것이 불편한지도 몰랐다. 으레 그렇게 하는 것인 줄 알았으니까!

일터에서 길을 찾다

지금 돌아보면, 일터에서 항상 좋은 일만 있을 리가 없고 때로는 의견 대립도 있고 감정 싸움도 있을 터인데, 그런 상태에서 늘 함께 식사했으니 누군가는 참 힘들었겠다 싶다. 어쨌든 2013년 전후로, 처음으로 휴게 시간과 회식에 대해 생각해 보는 계기가 되었다. 그러나 그저 식사 중 오고 가는 대화 수준에 그칠 뿐이었다. 어떤 직원은 불편해했고, 그것을 동료와 나누기도 했지만, 공식적으로 일터에 문제 제기할 정도의 사안은 아니었던 모양이다.

고충으로 접수하다

6~7년 후, 새롭게 센터를 설립하고 직원 고충처리위원회를 설치하자, 여러 고충이 접수되었다. 그중 하나가 바로 '휴게 시간'과 '회식'에 관한 문제였다. 이 사안은 시설 규칙에 관한 것으로, 전체 직원과 공유했고 해결 방안도 공론화(설문 조사 등)하여 처리했던 터라, 비밀 유지 위반에 해당하지 않는다고 판단하여 이곳에 그 처리 내용을 싣는다.

구분	문제 제기	처리(센터 내규 변경)
휴게 시간 보장	• 금요일 의무적 직원 전체 점심 식사는 휴게 시간을 침해하고, 식사비를 개별 부담시키는 것은 부당하다. • 휴게 시간 내 공적·사적 티타임 역시 휴게 시간을 침해하고, 강요로 인식됨	• 금요일 직원 전체 점심을 폐지하고, 자율에 맡김 / 공적·의무적 점심 식사는 따로 휴게 시간을 부여하고 공금을 사용한다. • 공적 티타임의 경우, 따로 휴게 시간 부여 / 사적 티타임은 자율에 맡김 (강요 금지)

회식	• 의무적으로 참여하는 회식이 너무 많다.	• 모든 회식은 사기 증진을 목적으로, 강제성 없이 자발적 참여로 진행 / 정기 회식은 격월, 연 7회로 한정
	• 개인 차량 사용 부당	• 센터 차량을 이용하되, 개인 차량 이용할 때는 팀장급 이상 차량 사용할 것 (직책 수당 지급)

휴게 시간은 무급입니다!

'휴게 시간은 근무 외 시간'이란 개념이 우리 사회에 편만하게 된 것은 내 기억에 그리 오래되지 않았다. 내 젊은 시절에도 휴게 시간은 '잠시 점심을 먹는 시간'으로 근무의 연장선 성격이 더 강했다. 전적으로 개인에게 보장된 시간이 아니었던 셈이다. 그러나 우리 사회 인권이 신장하고 집단보다는 '프라이버시'를 중요시하는 시대적 흐름이 대세가 되면서, 법으로 보장하는 휴게 시간은 회식 문제와 더불어 중요한 논쟁거리가 되어 왔다. 우리 일터도 이 흐름을 벗어날 수는 없었다.

어느 날인가 인터넷 서핑 중에 이런 문구를 보았다. **'휴게 시간은 무급입니다. 당당하게 누리세요!'** 정신이 번쩍 들었다. 무급이란 얘기는 일터와 아무 상관이 없다는 말이기도 하다. 그래서 더욱 보장을 받고 보장을 해야 하는 시간이다.

한동안 나는 상대방(아래 직급)이 먼저 요청하지 않으면 그와 점심을 같이 먹거나 차 한잔하는 것도 조심스러웠다. 문제의 소지를 없애기 위한 지나친 방어적 태도라 할 만하나, 관련 사건을 다루었던 고충처리위원으로서 어쩔 수 없었겠다는 생각이 든다. 지금은 편안하게 직원들과 식사를 한다. 물론 가끔 있는 일이지만 말이다. 그때마다 내가 취하는 조치가 하나 있다. 밥값은 웬만하면 내가 낸다. 그러면 급구 사양해도 상대방이 기꺼이 커피값을 낸다.

혼자 있든 함께 있든 자유롭게!

한 가지 생각해 보아야 할 것은 '쉼'이라는 것이 사람마다 천차만별이라는 것이다. 누구는 혼자 있는 것이 쉼이지만, 누구는 함께 있으면서 편하게 얘기하는 것이 쉼이 되기도 한다. 휴게 시간을 보장한다는 것은 이 둘 모두를 보장한다는 뜻 아닐까! 너무 기계적으로 휴게 시간을 바라보지 않으면 좋겠다.

그러나 분명한 것은 **뭐든지 억지로 또는 의무로 해야 하는 것이 문제가 된다.** 우리 일터만큼은 누구나 자유롭게 혼자 있든 함께 있든 선택할 수 있기를 바란다. 어찌 보면 너무도 사소한 것인데, 이렇게 글을 쓰는 것을 보면 누구에게는 일터에서 숨통을 트게 하느냐 그렇지 않으냐 하는 중대한 문제일 수도 있다.

이제 내부 규정으로든 사내 분위기로든 휴게 시간과 회식 관련한 문제는 거의 없다고 보지만, 전례가 있는 만큼 일터의 모든 구성원이 가끔 이 말을 상기해 보면 좋겠다.

'휴게 시간은 무급입니다~! 당당히 누리세요~~!'

41. 여성 휴게실 / 직원 복지를 위한 마지막 미션

센터 건물 설계부터 실제 건물 외형과 내부 쓰임새에 이르기까지, 나는 대체로 만족스럽다. 굳이 아쉬운 점을 찾으라면, 늘어 가는 어르신 복지 프로그램을 감당하기에는 전용 공간(지하, 1층)이 부족하다는 점과 직원 휴게실이 없다는 점을 들고 싶다. 다행히 프로그램실이 부족한 것은 진행 시간을 촘촘하게 설정하거나 2~3층 비어 있는 공간을 적절히 활용하면 웬만큼 해소할 수 있다.

그러나 직원 휴게실을 마련하는 것은 그리 단순한 문제가 아니다. 아쉽게도 구청과 건물 설계안을 논의할 때부터 건의했던 부분인데, 우선순위에서 밀려났기 때문인지 반영되지 않았다. 이제 와서 건물을 다시 세울 수도 없고, 프로그램 공간과 이용인 휴게 공간조차 부족한 마당에, 직원 휴게실을 위한 추가 공간이 생길 리 만무했다.

회의 단골 안건

직원 휴게실, 특히 여성 전용 휴게실은 직원회의나 간담회에서 단골 주제였다. 매번 휴게실 설치가 불가한 것으로 결론을 맺었다. 단지, 물리치료실 침대나 2층 아동 상담실과 3층 서고를 임시 활용하는 것 정도에서 대안을 제시하는 데 그쳤다. 현실적인 한계가 명확했으므로 모든 직원이 어쩔 수 없이 수용했지만, 직원 불편이 해소되는 것은 아니었기 때문에 잊을만할 즈음 몇몇 여성 직원의 호소로 다시 수면 위에 올라오곤 했다.

옥상 창고가 떠오르다

어느 날 번뜩 아이디어가 떠 올랐다. 옥상 태양광 설비 아래 있는 창고를 휴게실로 개조하면 되겠다 싶었다. 직원들 반응이 시원치 않았다. 여러 이유가 금방 귀에 들어왔다. 접근성이 떨어지는 한계가 있고, 지저분한 창고 이미지가 떠오르기도 하고, 창고가 없어질 때 예상되는 염려(비품 보관 등)도 있다. 무엇보다도 휴게실로 개조하는 데 드는 비용이 큰 부담으로 다가왔다.

이 아이디어는 이내 수면으로 가라앉았다. 그리고 휴게실을 마련해 달라는 요청이 있을 때마다 다른 공간을 임시로 활용하라는 기존 대안을 반복해야 했다.

몇 년 후 산업안전보건법 개정으로 '근로자가 신체적 피로와 정신적 스트레스를 해소할 수 있도록 휴게 시설을 갖추어야 한다'는 공문이 도착했다. 미설치 시 과태료까지 부과된다니 더 이상 미룰 사안이 아니었다. 다시 고민을 시작했다. 여러 한계에도 불구하고 공간은 옥상밖에 없었다.

공사비 마련 대책

핵심적인 문제인 공사비를 어떻게 마련하느냐가 관건이었다. 나는 몇 주 고민 끝에, 법인 전입금에서 공사비 50%를, 커뮤니티 카페 수익금에서 공사비 50%를 분담하는 방안을 내놓았다. 이 방안의 실현 가능성을 높이기 위해 법인 전입금에 대해서는 '긴축 재정안'을, 카페 수익금에 대해서는 '매출 증대안'을 추가로 제시했다.

> **• '긴축 재정안' 주요 내용**
> ∨ 카페 운영 시간을 조정하여 인건비를 줄인다.
> ∨ 자원봉사자를 확대하여 인건비를 줄인다.
>
> **• '매출 증대안' 주요 내용**
> ∨ 카페 필요 경비를 최소화하기 위해 '무인 자판기'를 설치한다.
> ∨ 이용인의 요구 사항인 '식사 대용 음식'을 자판기를 통해 판매한다.

그러나 제시한 모든 방안을 실현하려면, 커뮤니티 카페 사업 구조 조정과 종사자 부서 이동 등 '조직 개편'이라는 큰 변화가 필요했다. 갑작스런 변화에 대한 충격도 예상되었다. 다행스럽게도 구조 조정을 공식화하기 전, 카페 담당 직원이 개인 사정으로 퇴사를 결정함에 따라, 변화에 대한 충격은 저절로 완화되었다. 업무 분담과 카페 환경 변화 과정에서 몇 가지 염려가 있었지만, 결과적으로는 다 잘되었다.

왜 여성 휴게실만?

드디어 올해 여름이 지나가기 전에 옥상에 여성 전용 휴게실을 설치한다. 왜 여성 휴게실이냐고? 남성 직원은 여성보다 상대적으로 불편을 덜 겪기 때문이다. 남성 직원은 그런대로 쉴 공간이 좀 있다. 대강당 기계실과 조정실, 서고, 옥상 그늘막 등. 오픈 공간이기는 하지만, 한적한 시간을 잘 찾으면 그런대로 괜찮다.

일터에서 길을 찾다

그러나 여성의 경우는 오픈 공간이 오히려 더 불편할 수 있다. 그래서 여러 안전이 보장된 여성 전용 휴게 공간을 우선 설치할 수밖에 없다. 물론 남성 휴게 공간도 곧 마련할 계획이다. 예상하기는 대강당 대기실에 휴게용 설비를 갖추는 것으로 해결될 듯하다.

* * *

여성 휴게실은 우리 일터의 아킬레스건처럼 다가온다. 여성 직원의 비중이 높은 일터이자 당사자들이 반복적으로 요청을 했는데도 딱히 방도를 찾지 못했기 때문이다. 직원 복지를 생각해 볼 때, 안전, 보상 체계, 법적 보호 등 다른 분야에서는 웬만큼 개선되었다고 자부할 수 있지만, 여성 휴게실만큼은 어쩔 도리가 없는 줄 알았다.

그래서일까? **내 역할과 권한 내에서 '여성 휴게실 설치'는 직원 인권과 복지를 위한 마지막 미션처럼 다가왔다.** 이제 그 숙원을 풀 때가 된 것 같아서 얼마나 다행인 줄 모른다.

42. 조직의 꽃, 형평성!

직원이 따라야 할 최고의 덕목은 주어진 일에 '책임'을 지고 '최선'을 다하는 것이라 생각한다. 그리고 이러한 덕목은 '형평성 유지'라는 관리자 그룹의 덕목을 기반으로 만들어진다. **형평성을 유지하지 못해, 직원이 계속해서 담장 너머에 시선을 빼앗긴다면,** 즉 타인과 비교하여 공정한 대우를 받지 못한다고 여기기 시작하면, 책임과 최선을 말하기 이전에 이 덕목의 토대가 되는 자발성과 만족감조차 이끌어 낼 수가 없다.

조직 내 형평성은 여러 요소가 결합된 개념이다. 직급과 경력, 근무 형태, 근무량, 나이, 성별, 실적, 참여도, 각종 포상과 급여 체계 등 인권 영역을 포함한 운영 전반과 연결되어 있다. 개별 직원이 이에 대해 부당함을 경험하지 않는 수준에서 제도를 갖추고 사회 통념 이상의 운영 방식을 적용할 때, 조직의 안정을 위한 기반을 마련할 수 있다.

그동안 나는 여러 방면에서 형평성 유지를 위해 노력해 왔다. 크게 다섯 가지 차원으로 접근했다.

업무 분담의 형평성

첫째는 업무 분담의 형평성이다. 앞서 다룬 것처럼, 개별 사업별 업무량을 측정하여 근무 형태에 따라 적절히 업무를 배치하고, 이를 조율하는 절차를 개선하여 공정성을 높였다. 자세한 내용은 이 책 3장 20번째 글(〈가장 힘들고 많고 중요한〉)을 참조하라.

임금 체계의 형평성

둘째는 임금 체계의 형평성이다. 생활임금을 적용해야 하는 '청춘카페'를 제외하고 모든 직원에게 '서울시 사회복지사 인건비 기준'을 적용했다. 개관 초기에는 그해 결정된 재원이 부족하여 정규직 직원의 경력을 100% 적용할 수 없었으나, 다음 해부터 이전 근무지 경력과 군 경력을 모두 포함하여 임금을 산정하고 지급했다.

정규직이 아닌 직원(주 40시간 미만 / 조리사, 바리스타 등)의 경우는 좀 더 복잡한 상황에 있었다. 처음에는 역시 재원 부족으로 수당 없이 최저 시급에 준하는 임금을 지급할 수밖에 없었다. 다음 해부터 개선 작업을 시작했다. 우선 재원 확보가 지속 가능한지 살펴보았고, 그다음 작업으로 동일한 임금 체계 적용이 가능한지 살펴보았다. 비정규직 직원의 소정근로시간에는 차이가 있을지언정, 적용하는 급여 체계에서만큼은 같은 체계를 적용하는 것이 형평성 문제를 차단하는 데 제일 중요하다고 판단했다.

일단 정규직 임금에 적용하는 '서울시 사회복지사 인건비 기준'을 비정규직자에게도 적용했다. 물론 확보한 재원 내에서 처리해야 했으므로 순차적으로 적용할 수밖에 없었다. 예를 들면 이번 연도는 가족수당을, 다음 연도는 명절휴가비를 추가하는 식이었다. 그리고 전일제 근무가 아니었으므로, 소정근로시간 대비 기본급과 수당을 산정하여 지급했다. 전일제로 온전히 전환하지 못하는 아쉬움은 있지만, 적어도 임금 체계에서만큼은 형평성을 위한 최소한의 장치를 마련한 셈이다.

복지 혜택의 형평성

셋째는 복지 혜택의 형평성이다. 근무 형태가 다르거나 근무처가 다르다 해서 복지 혜택에 차등을 두는 것은 매우 위험한 일이다. 각종 휴가, 경조사 지원, 포상, 사기 진작 등 모든 직원에게 동일하게 적용했다.

몇 년 전부터는 전 직원에게 복지 포인트를 지급하고 있다. 복지 포인트는 지방 자치 정부 보조금 지원으로 사회복지시설 직원에 한하여 지급하는 제도이지만, 우리 일터는 도서관, 청춘 카페, 커뮤니티 카페 직원을 포함한 전 직원에게 복지 포인트를 지급하고 있다.

당연히 재원에서 문제가 발생할 여지가 있다. 그러나 어떻게든 우선으로 재원을 배정하여 사회복지시설(어르신복지센터) 직원이 아닌 이유로 복지 혜택에서 제외되는 상황을 원천적으로 차단하고 있다.

근무 형태의 형평성

넷째는 근무 형태의 개선이다. 업무량에 따라 주 근무 시간을 부여하고 동일한 급여 체계를 적용하므로 큰 틀에서 형평성을 유지하고 있지만, 전일제와 단시간 근로제의 차이에서 오는 문제까지 해소하기에는 구조적인 한계가 너무 많다.

일터에서 길을 찾다

채용 과정에서 단시간 근무 조건에 대한 동의가 있음에도, 단시간 근로자는 시간이 지나면 지날수록 담장 너머에 눈을 돌릴 수밖에 없다. '왜 나는 전일제가 아니지?'라는 물음을 던지는 순간 단시간 근로자의 고충이 시작되고, 고충을 느끼는 정도에 따라 사업과 조직에 미치는 악영향을 우리는 쉽게 짐작할 수 있다.

이런 문제는 언제나 부족한 재원이 말썽이고, 개선하기 위해서는 재원 확보가 관건이어서 쉬운 일이 아니다. 하나를 선택하면 다른 하나를 포기해야 하는 일도 생기고, 긴 시간이 필요하기도 하며, 재원 확보가 어려울 때는 해결점을 찾지 못할 수도 있다.

그러나 우리 일터는 그동안 여러 방식으로 재원을 확보하기 위해 노력했다. 확보한 재원이 지속 가능하다고 판단될 때 그 금액만큼 소정근로시간을 늘리는 방향으로 단시간 근로 상황을 조금씩 개선해 왔다.

때로는 결단도 필요하다. 얼마 전 한 직원이 실적과 역량을 인정받아 전일제 정규직 직원이 되었다. '정규직이 되었다'는 것은 스스로 퇴사하지 않는 한 일터가 그 근무 형태를 보장한다는 의미를 담고 있어서 쉽게 결정할 사안은 아니다. 그래서 결단이라는 말을 사용했다. 어려운 일이지만, 단시간 근로자의 고충을 충분히 이해하고 있는 일터로서는 최우선 과제로 접근했다고 평가할 만하다. 정규직화하고 싶어도 못 하는 경우가 더 많다. 그러나 할 수 있는 데까지는 계속해서 노력하는 것이 사람을 중시하는 복지시설의 의무가 아닐까!

인격의 형평성

마지막으로, 인격의 형평성에 초점을 맞추었다. 모든 직급과 직책은 역할과 책임, 권한의 차이이지 인격의 차이가 아니다. 그래서 직장 내에서 남녀노소 불문 상호 존중이 필수적이다. 이것이 무너지면 다른 어떤 형평성이 유지된다 해도, 밑 빠진 독에 물 붓듯이 조직이 안정될 수가 없다. 어떤 방식으로든 부정적 사건과 부정적 분위기가 만들어져서 일하기 힘겨운 일터가 되고 만다.

지난 몇 년간 우리 일터에서도 '존중'과 관련한 여러 부정적인 일들이 있었다. 이를 해결하는 과정에서 더욱 탄탄한 인권 보호 체계를 갖추었다고 생각한다. 슈퍼비전을 통해 진행한 '의사소통 교육', 각종 고충 처리 제도 마련과 고충 접수 통로의 다양화, 관계 증진상(관계 개선에 기여한 직원에게 주는 상) 신설 등은 대표적인 상호 존중 체계이다.

* * *

보이지 않는 검은 손

우리 사회 일터를 냉정하고 삭막하게 경험하는 이들이 늘어 가고 있다. 근본 원인은 관리자 측에서 적절한 형평성을 만들어 내지 못하기 때문이라 생각한다.

동일 시간과 동일 업무를 하는데, 비정규직이라는 이유로 임금과 복지 혜택에서 현저하게 불이익을 받고, 동일한 임금을 받아도 업무 강도나 업무량에서 부당한 취급을 받으며, 직급이 낮고 출신이 시원치 않다고 하여 인격적인 차별과 모욕을 당할 때, **당사자가 경험하는 박탈감과 고통의 심**

일터에서 길을 찾다

각성은 물론, 조직 전체에 미치는 '보이지 않는 검은 손'을 우리는 무시해서는 안 된다.

모든 사회 문제의 불쏘시개

나는 형평성 문제를 모든 사회 문제의 불쏘시개라 여기고 있다. 가정과 사회에서 벌어지는 수많은 다툼도 형평성이 어긋나는 데서 일어난다. '공정함'이라 표현해도 좋고 '경제적 정의'라 표현해도 좋고, '신뢰 관계'나 '예절'이라 표현해도 좋다. 이런 형평성이 담보되지 않을 때, 인간 사회 어느 곳이든 자발성과 최선을 가로막고 쉽게 책임을 떠넘기게 만든다. 과도하게 감정을 발산하게 하여, 극단적인 선택(퇴사, 죽음 등)의 기로에 서게 만들기도 한다. 가진 자는 가진 자대로, 못 가진 자는 못 가진 자대로 불만을 토하고 합당한 이유를 들어 대립할 것이다. 결국, 불만과 대립은 놀라우리만큼 다양한 가면을 쓰고, 작게는 가정과 일터에서 크게는 국가에서 공동체를 와해시키는 역할을 하게 된다. **이런 관점에서 볼 때, 지금은 그 어느 때보다도 형평성과 공정함에 대한 민감성과 경각심이 필요한 때가 아닌가 싶다.**

거시적으로 접근하기에는 내 관심과 역량이 너무 비좁다. 그러나 내가 몸 담고 있는 일터와 작은 공동체에서만이라도 경각심을 가지고 민감하게 대응해 보련다. 함께 일하는 이들에게서 최소한 형평성에서만큼은 만족스럽다는 목소리가 하루속히 들려오기를 기대한다.

3부

길 가다가
길이 되다

정신없이 지나온 길
문뜩 뒤돌아보면
내가 어디쯤 서 있는지
무엇을 향해 가고 있는지
어렴풋이 알게 된다
그리고
자기만의 길을 발견한다

6장

잠시 길가에 머물다

수많은 일과 사람, 사건 속에서
허겁지겁 달려온 시간을
뒤돌아보며 마음을 가라앉히다

43. 아침 조율

44. 사람다워지다

45. 두려움을 만나다

46. 소통의 단계

47. 질서와 존중

48. 기억과 진실

49. 진정한 지지는 '나'로부터

50. 두 개의 길

43. 아침 조율

잠시 멈추어 서서, 스스로 돌아보아, 몸 안팎에서 일어나는 일들을 선후 좌우로 살펴볼 수 있다는 것은 모든 만물 가운데 사람만이 할 수 있는 가장 독특한 행위가 아닐까! 사람이 사람 될 수 있는 최후의 조건일지도 모르겠다.

또 다른 표현으로, '조율'이라 해 본다. 나는 이 말을 인간이 뜻을 부여한 것 중에서 으뜸이라 생각한다. 복잡한 마음을 조율하고, 차고 넘치는 일을 조율하고, 사람과 사람 사이 예민한 관계 사슬을 조율하고……. 나는 인간이면서 조율 없이 사는 삶을 도저히 생각할 수가 없다.

씻어 내기

아침에 10~15분 일찍 출근하곤 한다. 커피를 내리기 위해서다. 일터 건물 안쪽 한적한 곳을 찾아 나만의 시간을 갖는다. 일을 시작하기 전, 그날 하루 유일하게 가만히 있어 보는 시간이다.

조율은 원두를 갈고 커피 도구를 씻는 것에서 시작한다. 때로는 그냥 씻고, 때로는 씻는 동작에 내 눈과 마음도 담아서 함께 씻어 내기도 한다.

온도 맞추기

주전자에 뜨거운 물을 담는다. 적정 온도를 맞추는 것에 신경을 곤두세운다. 내가 하는 행위 가운데 가장 커피 맛을 좌지우지하는 것이 이 물 온도이다.

커피뿐이랴…! 사람 냄새와 맛도 가장 잘 내는 지점이 있기 마련이다. 그 적절한 '타이밍'을 솔로몬은 '은 쟁반에 금 사과'라고 하던데…. 오늘도 그 멋과 향이 내게서 풍기기를….

뜸 들이기

이제 커피 내리는 작업에 들어간다. 뜸 들이는 시간……. 커피 맛을 더욱 풍부하게 살리려는 의도로 오래전 커피 매니아들이 개발한 절차다. 40~50초라는 짧은 뜸 시간조차도 기다리지 못하는 '마음속 충동'을 알아차린다. **온 세상이 정신없이 내달리고 있다. 문제 위에 문제를 쌓으면서 말이다. 잠시 한숨만 돌려도 저절로 해결되고 정리되는 일도 많을 터인데, 세상과 오래된 습관이 가만두질 않는 것 같다.** 잠시도 멈춰 서지 못하는 이 조급증의 이유를 나는 이 40초 안에서 자주 경험하고 있다.

나름 조급증 해결 방법을 터득한다. 뜸으로 빵처럼 부풀어오른 원두를 그저 신기한 듯 지켜보고, 모락모락 올라오는 김의 자유분방한 몸짓을 처음 보듯 바라보며, 더불어 방 안을 가득 채운 커피 향에 온 정신을 빼앗겨 본다.

지금 순간, 이보다 좋을 수 있을까

많은 시간을 들여 습득한 판에 박힌 동작으로, 서너 번 물을 붓고 나면,

진한 커피가 아래에 모인다. 이제 커피 마시는 시간! 맛과 향이 온몸에 스며들면서 주변 풍경이 내 시선에 들어온다. 창문 너머 다양한 색깔과 모양을 살펴본다. 아침 햇빛이 더해지면 이보다 더 좋을 수가 없다.

한 모금 마실 때마다 수많은 움직임을 알아차려 본다. 바람에 나무가 흔들리고 잎이 떨어진다. 간간이 사람도 지나가고 자동차도 지나간다. 공간 속 어울림도 살펴본다. 커피 거름종이의 은은한 색감과 햇빛, 나무 탁자의 어울림, 창문 너머 하늘과 공장 지붕, 단풍나무의 어울림……

그러나, 어디 이 좋은 것들만 일어날 리가 있겠는가~! **온갖 잡동사니 생각들이 몰아칠 때도 있다. 얽혀 있는 일들, 보기 싫은 사람, 부담스럽고 급히 처리해야 할 업무, 이어서 따라오는 감정의 요동….**

이때 할 수 있는 것이 커피 한 모금 다시 마시는 것! 입안의 느낌에 집중하는 순간, 복잡한 상념과 감정이 잦아든다.

영원한 친구, 숨

그래도 안 되면, 나는 내 영원한 친구인 '숨'에 다가간다. 신기하게도 우리는 가장 가까이에 숨소리가 있고, 숨으로 일어나는 감각이 있고, 이 숨으로 생명을 유지하고 있음에도, 정말 신기하게도 이 '숨'을 알아차리지 못한다. 이 아침 시간에, 의도적으로 이 숨에 다가갈 때면, 생각에 빠져 심각해져 있는 자신을 발견하고는 깜짝 놀랄 때가 많다.

'숨'으로도 복잡한 상념과 감정이 잦아들지 않을 때면, 그냥 그대로 둔다. 생각은 생각대로 흘러가게 두고, 나는 커피를 마신다. 감정도 제 갈 길 가게 두고, 나는 커피를 마신다.

일터에서 길을 찾다

구름 위에서 산책하듯

이렇듯 커피 마시는 행위와 더불어, 모든 것에 약간의 거리를 두고 바라보며 흘러가게 둘 때, 놀라운 일이 벌어지곤 한다.

저절로 정리되고 정돈되는 느낌이랄까….
구름 위에서 산책하는 듯하다고 해야 할까…….
흔들림 없는 중심에 자리 잡았다고 해야 할까…….

이런 현상을 나는 위에서 '조율'이라 표현했다.

* * *

여기까지가 종종 일터에서 맞이하는 아침 풍경이다. 그리 많은 시간이 필요하지 않다. 커피 내리는 시간 7분…. 커피 마시는 시간 7분…. 15분이면 족하다.

왜 나는 이 짧은 시간에 매료되는 것일까? 그날 하루 복잡다단한 일과 관계 속에서 유일하게 그리고 제대로, '**나를 나답게**', '**내 삶을 온전히 내 것으로**', '**쪼그라든 내 영혼의 그릇을 할 수 있는 만큼 깊고 넓게**' 만들어 주기 때문 아닐까.

44. 사람다워지다

복지센터가 이곳 ○○동에 자리 잡은 지 어언 17년이 지나가고 있다. 수많은 일이 오고 갔고 수많은 사람이 함께했고 떠나갔다. 오래 묵은 술이 깊은 맛을 내듯이, 강산이 두 번이나 변할 만도 한 시간을 이곳에서 보내고 나니, 나름 정리된 생각들이 머릿속을 맴돈다.

'난 이곳에서 무얼 보고 들었는가?' 이 물음 앞에 서 보련다. 한 번쯤 정리해 보고 싶었는데, 잘되었다. 잔인한 4월, 메마른 땅에서 봄꽃 피어나듯 물음으로 피어나는 생각을 복잡한 상념의 소용돌이 속에서 끄집어내 본다.

피어오르는 생각 1. 사람을 생각하다

자치구에서 낙후된 곳으로 이름난 이곳에서 우리가 했던 것은 사람을 생각하는 것이었다. 사람답게 살기 위해 무엇이 필요하고 무엇을 해야 하는지를 첫 사업을 구상할 때부터 염두했다. 때로 일에 매몰되어 정신없이 지낼 때도, 때로 이용인이 불만을 과격하게 표출할 때도, 마음에서 불편한 감정이 스멀스멀 올라왔지만, 다시 제자리로 돌아올 수 있었던 것은 사람이 사람을 생각했기 때문이다.

조그만 복지시설에서 굳이 마을을 찾아다니며 소외를 겪는 어르신에게 소소한 생활품을 때마다 전달할 필요는 없었다. 그러나 일단 몸이 살고 지푸라기라도 잡을 수 있게 해야 하지 않겠는가. 그래서 17년 동안 줄곧 지역 사회 독거 어르신이나 긴급 지원이 필요한 이들에게 생필품과 생활비와 긴급 의료비를 지원했다.

문화 강좌로 시작해서 아동 방과후교실, 청소년 방과후교실, 상담실과 가정복지 사업으로 확장해 갔던 과정 역시 사람을 생각했기 때문이다. 문화복지센터로 새롭게 길을 열고 이곳에서 각종 사업에 매진했던 것도, 어르신의 욕구에 민감하게 반응했던 것도, 직원들의 권리에 눈을 뜨기 시작한 것도, 그때는 몰랐지만 이제야 뒤돌아보니, 모두가 사람이 사람을 생각했기 때문이다.

피어오르는 생각 2. 사람 편에 서다

삶은 편리하고 정보는 차고 넘치나 소외와 외로움은 깊어만 간다. 사람보다 돈이 더 중요하고, 상식과 권리보다 권위와 조직이 더 중요하고, 내용은 허술해도 겉 포장이 그럴싸하면 괜찮다. 소통보다는 욕망의 일방성이 앞서간다. 요즘 우리 사회의 일면이다. 세상이 거꾸로 흐르는 듯한 인상을 받을지라도, 사실은 언제나 그러했다. 삶의 질을 생각하는 사회복지시설로서 나의 일터는 어디쯤 서 있었을까? 사람이 사람 편에 선다는 것은 그리 쉬운 일이 아니다.

청소년 방과후교실 행사 중 한 아이가 팔을 다쳤다. 고질병이라 했다. 그러나 부모는 인정하지 않았고 센터에 책임을 돌렸다. 행사 전에 가입했던 여행자 보험도 효력이 없었다. 센터 재정은 열악했고, 아이 가정도 수급 가정으로 어렵기는 마찬가지였다. 이 문제로 몇 개월을 골몰했다. 아이 부모의 폭언으로 많은 직원이 상처를 받았다. 그런데도 최종 결론은 그 아이를 포기할 수 없다는 것.

직원들이 이리저리 발로 뛰었다. 센터 재정으로 할 수 있는 만큼 지원했다. 후원자를 통해 수술비를 지원받았다. 아이를 받아들였고 부모의 하소연을 끝까지 들어주었다. 그 덕택에 모든 일이 제자리를 찾았다. 얼마 후 직원 중 하나가 수술 후 회복 중인 아이를 위해 써 달라고 거금을 후원했다. 왜 이렇게까지 했을까? 그래도 사람이 사람 편에 섰기 때문이다.

낯선 중년 남자가 카페에 들어와, 차비가 없어 집에 못 가는 처지이니 돈을 빌려달라 했다. 어딘가 의심쩍었지만, 그 사람을 만난 팀장 하나가 선뜻 몇만 원을 건넸다. "오늘은 집에 잘 들어가시고, 시간 날 때 오셔서 갚으세요." 남자가 떠난 후, 카페 담당자와 팀장은 농담조로 "앞으로 다시는 그 사람을 볼 수 없겠는데요~" 하고 얘기를 나눴다. 어찌 되었을까? 역시나 그 남자를 볼 수 없었다. 돈을 건네면서 짧은 순간 그 아저씨 삶을 위해 기도하자 오히려 마음이 편안했다고 한다.

사람이 사람 편에 설 때, 비록 물질적·육체적 손해가 날지언정 후회는 없나 보다. **문제투성이 인간이지만 꽃보다 아름답다는 노랫말처럼 그래도 사람이 소중하다.** 일터에서 사람보다 일을, 개인보다 조직을 우선시하곤 하지만, 직원들 마음 한구석에 언제나 훈훈한 '사람 편' 꽃이 피어나고 있음을 수시로 확인하고 있다.

　　　　　　　　　　　　　　일터에서 길을 찾다

피어오르는 생각 3. 사람이 되어 가다

사람 노릇 못하는 요지경 세상을 자주 접한다. 복지센터도 비슷하다. 이용인은 이용인대로, 직원은 직원대로 좁은 시야 속 세상이 전부인 듯 함부로 말하고 행동할 때가 있다. 당시에는 잘 안 보여도 조금만 떨어져서 보면 다 보인다. 실망과 분노와 냉소가 물들어갈 때쯤, 한 발짝 더 떨어져서 보면, 새로운 진실도 발견한다.

> ∨모든 것이 과정 속에 있다는 것!
> ∨다양한 경험 속에서 때론 넘어지고 엎드려지다가도 다시 힘 생기면 일어나서 새로운 길을 찾기도 한다는 것!

시간을 견뎌 내고 경험이 쌓이고 새로운 시야가 내 안에 들어올 때, 더더욱 이 진실은 '숨은 그림 찾기'에서 벗어나, 초봄 산책길 옆 눈에 띄는 들풀 새싹처럼 세상에 훤히 드러난다. 이것이 요즘 나의 일터가 맞이하는 '사람 되어 가는' 풍경의 일면이다.

10여 년 전 방과후교실에서 코흘리개로 지내던 아이들이 의젓한 청년이 되어, 사무실을 찾아와 반갑게 인사를 하기도 하고, 센터 덕분에 직장에 취직했다며 선물 꾸러미를 가지고 찾아오기도 한다……. 조금만 맘에 안 들어도 구청에 민원을 제기하던 사회복무요원이 소집 해제 후 한참을 지나 두 손 가득 빵을 사 들고 와서 고마움을 전한다……. 불만과 요구 사항으로 가득했던 어르신들이 이제는 동료 어르신들의 불평에 먼저 나서서 일터와 직원을 대변한다. 세상의 모든 고통을 짊어진 것처럼 살던 어르신이 가정 방문한 사회복지사에게 애쓴다며 밝은 웃음으로 과일 한 뭉치를 건네준다……. 회원 접수나 응대 시 어르신들의 과한 표현 때문에 고충을 호소하던 직원들이 이제는 능숙하게 어르신의 마음을 사로잡는다. 웃는 얼굴로 들어와 불쾌한 얼굴로 나가는 어르신보다는 불쾌한 표정으로 들어와도 만족스러운 얼굴로 사무실을 나가는 어르신이 훨씬 많다……. 동료 험담에 가담했던 직원이 미안함을 못 이겨 피해자를 찾아와 자신의 실수에 고개를 숙인다……. 모두가 '사람 되어 가는 소리와 몸짓'이다.

잠시 판단을 내려놓고 흘러가는 삶을 받아들이면
많은 것들이 보이기 시작한다.
굽혀야 할 때 굽히고,
펴야 할 때 펴고,
놔줘야 할 때 놔줘야 한다는 것을 배울 수 있는 공간,
그렇게 나는 사람이 되어 가는 최적의 공간을
이곳에서 만나고 있다.

* * *

사람이 사람을 생각하고, 사람 편에 서고, 사람이 되어 가는 것……. 사람 사는 맛이 이런 것 아닐까. 우리 일터는 그동안 이것 때문에 그렇게 발버둥 쳤나 보다.

일터 주변이 하루가 다르게 변하고 있다. 하천을 정비하고, 다리를 새로

놓는다. 경전철 공사와 아파트 재개발이 한창이다. 그러나 이보다 더 멋진 변화는 이곳 일터를 통해 **'사람이 사람다워지는 것'** 아닐까!

45. 두려움을 만나다

인정받는 방식도 다양하다. 보통은 아부를 통해, 감정의 호소를 통해, 연약함을 통해, 성과를 통해, 자신의 인정 욕구에 반응한다. 그런데 그 인정 욕구가 잘 보이지 않는 방식도 있다.

얼마 전 친구로부터 "너는 늘 나를 문제가 있는 사람으로 대하더라."라는 말을 들었을 때, 처음엔 '이 녀석이 나를 단단히 오해하고 있군. 내가 모르는 무슨 사건이 있었던 모양이네~ 내가 종종 조언을 해 왔던 터라, 내 말과 행동 속에서 그렇게 여겨지는 뭔가가 있을 수도 있겠네~' 하는 정도로 받아들였다.

내쳐짐, 그 형언할 수 없는 두려움

며칠이 지나서…. 그동안 감추어 놓았던…. 살아남기 위해서 어쩔 수 없이 선택한…. 내 깊은 욕구와 감정이 드러나기 시작했다. 너무나도 독특한 방식으로, 난 친구들에게 인정받고 싶었다~! 아무 문제가 없는 사람처럼 보여야 했다. 그 누구도 가지 않은 영역에서 특별한 감각을 가진 사람으로, 그렇게 인정받고 싶었다.

왜 그랬을까? 더 깊은 밑바닥 감정이 드러났다. **내쳐짐에 대한 두려움~!** 30년을 이렇게 저렇게 함께 길을 걸어온 친구인데도, 이런 두려움이 작동하다니…. '열등이 우월을 만들어 낸다'라는 아들러의 이론처럼, 내쳐질 것 같은 두려움이 나를 부단히도 애쓰고 특별한 것을 찾는 사람으로 이끌어 갔을 것이다.

두렵고 떨리는 마음뿐

감정을 추스르기가 쉽지가 않다. 왜 그 친구는 내가 그를 문제 있는 사람으로 대하는 것처럼 경험되었을까? 그 친구를 만났을 때, 내 깊은 곳에서는 열등과 내쳐짐에 대한 두려움이 작동하고, 겉으로는 '그래 난 잘살고 있어'라고 항변하는 언행이 이루어지지 않았을까? 그것이 말로 드러나지 않았더라도, 태도와 몸에서는 그렇게 말하고 있었는지도 모른다.

친구에게만 인정받으려 했을까? 일터에서도 마찬가지였을 것이다. 내쳐짐에 대한 두려움은 어쩌면 가장 가까이에 있는 아내와 가족을 만나는 순간에도 작동하고 있었을지도 모른다. 사랑하는 이들이 나로 인해 어떤 영향을 받았을지를 생각하면, 두렵고 떨리는 마음뿐이다.

내쳐짐에 대한 두려움, 그 속에서 살아남으려고 끊임없이 인정받으려 했던 삶, 그런데도 아무렇지도 않은 척, 나름 특별한 방식으로 멋진 삶을 추구하고 있음을 항변하면서 난 그렇게 친구를, 가족을, 직장 동료를 만나고 있었다. 마음이 아프다. 누군가는 "너무 예민한 거 아니야?"라고 격려하겠지만, 무의식적으로 발동하는 이런 메커니즘의 영향을 잘 알고 있기에 한쪽 가슴에서 삶의 한 부분이 무너지는 듯한 느낌을 받는다.

이제 내려놓아야겠다

이제 내려놓아야겠다. 인정받으려는 욕구도, 내쳐짐에 대한 두려움도, 그 두려움으로 인해 저절로 뻗어 가는 말과 행동들도, 이제는 정말 내려놓아야겠다. 사람들 속에 있을 때면, 종종 삶이 자연스럽지 않다는 느낌을 받았었는데, 이제야 그 느낌의 정체를 흐릿하게나마 이해할 수 있을 듯하다.

일터에서 길을 찾다

46. 소통의 단계

1단계 : 이야기꾼들의 만남

한 어르신이 허름한 옷을 입고 일터 로비 의자에 앉아 있다. 몸에서 냄새도 난다. 일터 운영 시간이 지나 저녁이 되면 문 닫힌 입구 앞에서 종이박스를 이불 삼아 잠을 청한다. 어르신 옆 짐수레에는 수집한 골판지가 가득하다. 시간이 지날수록 어르신이 모은 재활용 쓰레기가 일터 건물 주변에 쌓여 간다. 여러 이야기가 들린다. 따로 집이 있는데도 노숙을 한다고도 하고, 정신적으로 문제가 있어 '뭔가를 모으면 버리지 못한다'라고도 한다. 성격이 괴팍해서 가는 곳마다 다툼을 일으킨다고도 한다. 실제로 우리 일터 이용 어르신들과 종종 다투기도 했다. '참여위원회'가 열리자, 이용 어르신들의 불만이 폭발했다. 많은 이야기를 내놓는다. 복지센터 건물 미관을 해친다고도 하고, 실내에서 지독한 냄새가 난다고도 한다. 구청에 민원을 제기하자고도 하고 노숙인 시설 입소를 부탁하자고도 한다. 시설운영위원회에서도 의제로 다루었다. 결국, 구청에 노숙 어르신 문제에 대해 근본적으로 조처해 달라는 정책 건의안을 제출했다.

이후에도 설왕설래가 이어지다가 어느 날, 어르신이 자리를 옮겼다. 센터 앞 하천 다리 한쪽 구석에 살림(?)을 차렸다. 그리고 얼마 지나지 않아

쓰레기도 어르신도 더는 눈에 띄지 않았다. 다시 이야기가 들려온다. 죽었다고도 하고, 집으로 돌아갔다고도 하고, 습성을 못 버리기 때문에 다른 곳에서 터 잡고 노숙한다고도 한다. 그러나 누구도 진실을 알 길이 없다.

평범한 이야기다. 주변의 반응과 우리 일터의 대처도 통상 일어나는 범주를 크게 벗어나지 않는다. 그런데도 이 이야기부터 시작하는 것은 오히려 보편성을 띠기 때문이다.

우리 뇌는 밖에서 무슨 일이 일어나면 가만히 있지를 않는다. 평가하고 분석하고 예측하여 멋들어진 해석을 내놓는데, 이 해석을 나는 '이야기'로 표현하고 있다. 무슨 일이 일어나면, 언제나 인간은 이야기를 만든다. 염려가 있고, 후회가 있고, 짜증이 나고, 화가 난다면, 이미 우리는 어떤 이야기 속에 빠져 있다고 보면 된다. 어떻게 그럴 수 있지? 그건 바보 같은 짓이야! 그렇게 하면 안 되지!

계속해서 이런 목소리가 내 머리를 맴돈다면 이야기를 만드는 중이다. 그리고 그 이야기로 관계를 맺고 일을 처리한다.

이런 소통 방식의 특징이 있다. 잘 듣지 않고 잘 보지 않고, 자기식대로 판단하고, 자기식대로 이해한다. 상대방 입장에서 바라볼 여지가 거의 없다. 그 영향이 어떠할까? **사실과 진실을 알 길이 없다. 언제나 내 이야기가 옳고 정답이기 때문이다. 머리는 복잡하고 감정은 수시로 오르락내리락한다. 그 사람이 그냥 싫다. 그렇게 관계가 망가진다.**

우리 사회에 다툼과 알력과 폭력 분위기가 계속해서 유지되는 것은 많은 사람이 보편적으로 이 소통 방식을 사용하기 때문이다.

일터에서 길을 찾다

2단계 : 묻고 답하기

잘 모르면 일단 물어보아야 한다. 그러나 우리는 잘 묻지 않는다. **묻지 않은 만큼 알 수 없고, 알지 못하면 두 반응이 일어나는데, 하나는 '넘겨짚는 것'이고 다른 하나는 '모르는 것을 들킬까 봐 가만히 있는 것'이다.**

넘겨짚을 때는 이야기가 만들어지고 그 속에 갇힌다. 자신이 모른다는 것을 들키지 않기 위해 가만히 있게 되면, '아는 척'해야 하고, 척하는 순간부터는 더더욱 묻지 않는다. 결국, 1단계 소통 수준에 머물러 이야기와 이야기가 충돌하는 것을 매 순간 경험해야 할지도 모른다.

그래서 **최소한 우리는 2단계 소통이 필요하다. 묻고 답하는 단계,** 즉 잘 모르면 일단 물어봐야 한다. 여기서부터 긍정적인 관계로 나아갈 수 있다. 내 일터에도 묻지 않는 직원도 있고, 수시로 묻는 직원도 있다. 그 결과를 굳이 말할 필요는 없겠다.

물음을 통해 정확한 사실을 확인하고, 그 바탕 위에서 사람을 만나고 일을 도모하고 관계를 맺는 것이 절실한 요즘이다.

3단계 : 경청과 공감

잘 듣고 잘 보면, 굳이 이야기를 만들 필요가 없다. 이것을 있는 그대로 보고 듣는다고도 표현한다. 있는 그대로 보고 들으려 주의를 기울이다 보면, 어느 순간 상대방의 마음이 이해가 되고 그 마음이 전해지면서 내 마음도 비슷해지는 경험을 하게 되는데, 이를 공감이라고 한다.

이 소통 단계를 좀 더 이해하고 싶으면, 이 책 5장 36~38번째 글(〈소통의 트라이앵글〉)을 보면 좋겠다.

4단계 : 스승과 제자

안타깝게도 요즘 세상에는 쉽게 일어나지 않는 소통법이다. 우리는 스승이 많지 않은 시대를 살고 있다. 스승이 없으니 제대로 된 제자도 당연히 없겠지! 어쨌든 이 단계는 본이 될 만한 인물이 있고, 그런 인물의 가르침이 있고, 그를 따르는 이들의 전적인 수용이 있을 때 가능하다. 이 관계가 성립만 되면, 아주 강력한 소통을 이루는 동시에, 탁월한 삶과 결과를 창조할 수 있다.

반면 위험도 도사리고 있다. 본이 될 만한 인물을 어찌 알아볼 것인가? 진짜 스승이 있기는 한가? 가짜 스승을 전적으로 수용하는 것은 위험천만한 일이다. 차라리 제멋대로 살든가 경전이나 좋은 책을 이정표 삼는 것이 요즘 같은 때에는 더 필요한 것인지도 모르겠다.

5단계 : 이심전심

굳이 말로 하지 않아도, 혹은 몇 마디 말만으로도 마음에서 마음으로 전해질 수 있다면, 이보다 더 아름다운 만남이 또 어디 있을까? 눈빛 하나로 그 사람을 이해할 수 있고, 미소 하나로 무언의 말을 전해 들을 수 있다면, 삶이 정말 쉽고 힘이 넘치지 않을까! 비현실적이라는 것을 잘 안다. 그렇다고 꿈꾸는 것까지 막지는 말자. 살면서 아주 가끔 찰나의 순간에 이런 소통이 일어날 수도 있으니까.

반려동물을 키우는 일이 일상이 된 요즘, 사람보다는 말 없는 동물에게서 쉽게 일어날지도 모르겠다. 나는 고양이를 키우는 아내에게서 가끔 그 징후를 발견한다.

일터에서 길을 찾다

* * *

이 글의 의도를 추가해야겠다. 대부분은 1단계에 머물러 산다. 이야기를 만들고 그 이야기로 소통하니, 걸리고 부닥치고 다투는 삶의 연속이다. 아주 적은 사람만이 '묻고 답하는 단계'와 '경청과 공감 단계'에 머물고 있다. 4단계와 5단계 소통은 그냥 한 귀로 듣고 한 귀로 흘려보내길 바란다. 우리의 의식 수준으로는 절대 가능하지가 않다.

따라서 내 관심은 2단계 '묻고 답하기'와 3단계 '경청과 공감' 소통에 있다는 것을 말해야겠다.

일단 잘 모르면 묻고 또 묻고, 찾고 또 찾자.
이야기에서 벗어나
사실과 진실에 다가가는 것이 최우선임을 기억하면 좋겠다.
그리고 잘 듣고 잘 보자.
실제 일어난 일을 알아차리고
있는 그대로 만나는 것부터 시작해 보는 것이다.
여기에서 공감이 일어나고, 이해가 되고,
진실을 보는 힘이 생긴다.

어떻게든 여기까지 가 보자는 것이 이 글의 목적이다. 그다음은…, 운이 좋으면 스승이 다가올 수도 있고, 더 운이 좋으면 말없이도 뜻이 통하는 사이가 될 수도 있지 않을까.

47. 질서와 존중

세상에 기여하는(남에게 도움이 되도록 이바지하는) 것을 체계화하고 사업화한 것이 사회복지라 생각한다. 그리고 이 사회복지를 효과적으로 실행하고 전달하기 위해서 사회복지시설이 조직되었다. 하고 싶은 말은 어느 조직이든 '존중'과 '질서' 없이는 기여하는 삶으로 나아갈 수 없다는 것이다. 즉 건강하고 안정된 일터의 두 축은 질서와 존중이다. 이 토대 위에서만 조직이 성장하고 세상에 온전히 기여할 수 있다.

선택할 수 없는 질서와 그 영향

자녀는 부모에게 고개를 숙여야 한다. 이것이 질서이다. 아무리 잘난 동생이어도 아무리 못난 형이어도, 동생은 형에게 고개를 숙여야 한다. 이것이 질서이다. 젊은이는 어르신에게 일단은 고개를 숙여야 한다. 먼저 세상에 나온 것만으로도 충분하다. 이것이 질서이다. 이런 질서는 우리가 선택하는 것이 아니다. 의도나 의지와 상관없이 그저 삶에 주어졌다. 달이 지구를 돌고 지구가 태양을 도는 것처럼 말이다. 그래서 이 질서에 맞추어 갈 때 삶이 주는 혜택이 있다. 삶이 편안하고 그런대로 잘 돌아갈 가능성이 높다.

그러나 자녀가 부모를 함부로 대하고, 동생이 형을 좌지우지하려 하고, 제자가 스승을 욕보이고, 젊은이가 어르신을 하찮게 여길 때는 언제나 어떤 방식으로든 삶이 꼬이게 되어 있다. 이런 종류의 질서는 원래 그런 법이다.

선택할 수 있는 질서와 그 영향

결이 좀 다르지만, 일터에서도 질서가 필요하다. 이 질서는 선택할 수 있다. 이 질서를 원치 않으면 그냥 일터를 그만두면 된다. 그러나 일터에 남기로 선택했다면, 일터의 질서를 지켜야 한다. 그래야 순리대로 일이 진행되고 모두가 편안하다. 오해가 없길 바란다. 상관이 지시하면 무조건 따라야 하는 것을 말하는 것이 아니다. 때로는 논쟁도 필요하고 협의도 필요하고 설득도 필요하다.

그러나 결국 조직을 운영하고 의사를 결정하고 일을 진행하는 데 있어 조직 내 일정한 룰, 즉 질서를 지켜 주는 것이 조직이든 구성원 개개인이든 모두가 사는 길이다.

최고의 수 & 최악의 수

그럼 조직에는 어떤 질서가 필요할까? 제일 중요한 질서는 조직 운영과 일 처리를 직급순에 따라 진행하는 것이다. 직급보다 입사 순서나 나이가 앞서면 위험하다. 처음엔 대수롭지 않게 넘어가더라도 경험상 분명히 문제가 된다. 무엇보다 각 직급의 권한과 역할을 지켜 주는 것이 중요하다.

예를 들면, 팀장이 결정하거나 지시한 사안이 맘에 안 든다고 치자. 이 상황을 어떻게 해결하면 좋을까? 제일 좋은 것은 팀장과 다시 논의하고 설득해서 새롭게 조율하는 것이다. 또 다른 방법은 더 위 직급(사무국장, 센터장 등)을 찾아가서 수정을 요청하는 것이다. 가장 쉬운 방법이지만 간접적인 힘을 이용한다는 측면에서 수가 좀 낮다. 그러나 센터장이나 사무국장이 어떤 방식을 취하느냐에 따라 최고의 수로 변할 수도 있고 최악의 수가 될 수도 있다. 최고의 수는 질서를 유지하지만, 최악의 수는 질서를 파괴한다.

최고의 수는 다음과 같은 방식으로 이루어진다. 1) 사무국장이나 센터장이 슈퍼비전 차원에서 조언 정도에서 그치고, 팀원이 다시 팀장과 협의하도록 안내하는 것. 2) 중대한 사안의 경우, 팀원의 요청을 들은 후 답을 내놓지 말고, 따로 팀장과 논의한 후, 그 결정 사항을 전달하고 집행하는 것을 팀장에게 일임하는 것. 3) 팀 내 사업을 넘어서는 사안의 경우, 직원 전체 회의 안건으로 제출하게 하여 전 직원이 함께 논의하는 것 등.

세 방식 모두 팀장이 약간의 불편 상태가 될 수는 있으나 팀장의 권한과 역할을 침해하지 않으면서도 더 좋은 아이디어를 끌어낼 수 있다는 점에서 최고의 수라 할 만하다.

최악의 수는 다음과 같은 방식으로 이루어진다. 팀원의 하소연을 들은 사무국장이나 센터장이 팀원이 원하는 대로 바로 결정을 내리고 팀장에게 지시를 내린다. 어떤 상황이 펼쳐질까? 아무 일도 안 일어날 수도 있다. 그러나 이미 팀장의 권한이 무시되었으므로 조직 기반에 금이 가기 시작했다고 보면 된다. 팀장에게 지시를 내리는 순간, 각 직급 간에 분란이 일어날 수도 있다. 질서를 파괴하면 자연스럽게 일어나는 일이다.

각 직급의 위임 전결 사항을 명확히 하고 이를 실행에 옮기는 것, 의사 결정을 제안, 토론, 표결 등 합리적인 절차를 통해 진행하는 것 등도 조직의 질서를 유지하는 데 꼭 필요한 방식이다.

직급순-입사순-나이순

몇 년 전부터 나는 우리 일터 공식 행정 서류상 직원 명단이나 조직도를 직급순으로 기재할 것을 지시했다. 세부적으로 들어가면, 동일 직급 내에서는 입사순으로, 동일 직급 동일 입사 내에서는 나이순으로 정리하여 기재한다. 모두가 센터 질서를 유지하기 위한 방편이다. 직원 명단에 과하게 의미를 부여한다고 여길 수도 있지만, 단순히 서류에만 그치지는 않는다. 운영 전반에도 영향을 미친다.

지침이나 내규 적용이 어려운 모호한 상황에서 직급순-입사순-나이순 질서가 부드럽게 적용될 때, 과도한 다툼과 압력을 예방할 수 있다. 그리고 때로는 상위 직급의 자발적인 양보로 상호 존중의 편안함이 스며들어 더욱 건강한 조직이 된다.

세 방향의 존중

질서가 아래에서 위로 향하는 덕목이라면, 존중은 위에서 아래로 향하는 덕목이라 할 수 있다. 물론 상호 존중이 기본이다. 그러나 질서가 그런대로 유지되면, 존중은 위에서 아래로 흐르는 경향이 있다.

존중은 크게 세 방향으로 이루어진다. 첫 번째는 **'생각'**이다. 생각, 의견,

주장은 일단 들어주어야 한다. 너무 급하게 내 생각대로 상대를 변화시키려 하면 압력이 차고 다툼이 생긴다. 그래서 존중은 일단 생각을 들어보고 그렇게 생각할 수도 있음을 받아들이는 데서 시작한다. 그런 다음에, 설득하든 표결하든 서로 받아들일 만한 선에서 조율하면 된다.

두 번째는 '**감정**'이다. 감정을 존중한다는 것은 다른 말로 하면 공감이다. 감정은 누르거나 무시한다고 없어지지 않는다. 감정은 흐르게 두어야 한다. 흐르게 하는 방법은 함께 느껴 주는 것이다. 함께 느껴 줄 때 공감이 일어나고 공감이 일어날 때 그 사람을 존중한다고 표현할 수 있다.

세 번째는 '**욕구**'이다. 우리 삶은 언제나 욕구를 알아주고 충족하는 방향으로 나아가야 한다. 하고 싶고, 먹고 싶고, 쉬고 싶고, 알고 싶고, 인정받고 싶고, 이해받고 싶은 것을 충족할 때 우리 삶은 만족스럽다. 이런 욕구가 충족되지 않으면 부정적인 생각에 부정적인 감정이 더해져서 부정적인 행동을 발산할 수밖에 없다. 따라서 존중은 조직 구성원이 무엇을 원하는지 알아주고, 다른 사람에게 피해가 가지 않는 선에서 그 욕구를 충족하도록 시간과 공간을 허용하는 것이다.

회의 구조와 회의 방식을 바꾸고, 고충 접수 통로를 확대하고, 의사소통 교육을 추진하고, 각종 사기 진작 모임과 프로그램을 확대하는 것 또한 조직 내 부족한 '존중'을 조금이라도 더 확보하고자 하는 노력의 결과물이다.

질서와 존중의 조화

질서와 존중은 언제나 함께 가야 한다. 존중을 기반으로 질서가 지켜져야 하고, 질서를 기반으로 존중이 이루어져야 한다.

일터에서 질서보다 존중이 앞설 때가 있었다. 존중 요구가 앞서면 일이 잘 진행되지 않는다. 모두가 자기 의도대로 처리되길 바라고, 모두가 선생이 되려 하고, 모두가 잘났고, 모두가 불만을 토하고… 이런 상태에서는 결정이 지체되고, 결정을 내려도 효율성이 떨어지며, 너무 많은 시간을 허비한다.

반대로 존중보다 질서가 앞설 때도 있었다. 위 직급이 아래 직급을 누른다. 일은 빠르게 진행될지 모르나, 억압이 있고, 강요가 있다. 그래서 자발성은 사라지고 효과성이 떨어진다. 서로 속마음을 감춘다. 친근함을 느낄 수 없다. 만족감이 사라진다. 어떻게든 일터를 벗어나고 싶을 뿐이다.

그러므로 **질서와 존중은 언제나 함께 가야 한다.** 이 두 가치가 적절히 조화를 이루어 실현될 때, 직원 상호 간 필요를 채우게 되고, 더불어 성장하는 계기도 마련할 수 있다. 조직은 더욱 안정되고, '기여'라는 사회복지 본연의 역할도 충분히 발휘할 수 있다.

48. 기억과 진실

기억이 사진처럼 명료해도 그것조차 뇌가 조작할 수 있다고 한다. 하물며 흐릿한 기억을 가지고 진실을 가리려 하는 것이 얼마나 위험한 일이겠는가! 이미 지난 일들로 생각이 충돌하고, 거친 언사가 오가고, 기분이 상하고, 황당해하고, 상처받고, 서로를 지적하고 비난하다가, 결국 함께 있는 것조차 불편한 관계가 된다. 내 일터만의 풍경은 아닐 것이다. 사람이 모인 곳이면 어디든 이런 일들이 쉽게 일어날 수 있다.

기억이 서로 다를 때

지난 경험들로 분명히 말할 수 있는 것은 이것이다. **'과거의 잘잘못을 따지는 것은 언제나 백해무익이다.'**

문서나 정확한 증거가 없는 기억은 일단 편향성이 있는 것으로 보아야 한다. 한쪽 기억을 강요할 때, 다른 한쪽은 억울하고 다른 한쪽은 자기의(義)에 갇히기 마련이다. 기억이 서로 다를 때는 잘잘못을 따지는 것을 당장 멈춰야 한다. 굳이 지난 일에 대해 옳고 그름을 따져야겠다면, 극히 제한적인 영역에서만 다뤄져야 한다. 예를 들면, 폭력이나 인권의 문제를 다루는 데 있어서 말이다. 그 외 상황에서는 기억을 너무 신뢰해서는 안 된다. 증명할 수 있는 문서나 증거가 없는 한, 어떤 일이든 그냥 그런 일이 일어날 수 있음을 인정하고, 양쪽 모두 두리뭉실 받아들여야만 한다. 이미 지나간 일이어서 어느 누구도 그때 그 상황의 진실을 확인할 길이 없기 때문이다.

그러므로 지금 막 벌어지는 일이 아니면, 과도한 판단과 정죄와 비난을 멈추자. 그 누구의 의지와 상관없이, 그 일이 그저 일어났을 뿐임을 받아들이는 것이다. 이것이 내가 살고, 네가 살고, 우리가 사는 길이다.

기억의 함정

자기 기억을 100% 신뢰해야 할 유일한 때는 '스스로 잘못했음을 인정하고 뉘우치고 고백할 때'뿐이다. 이런 이유가 아니면 과거 일을 들추고 잘잘못을 따지지 말자.

과거의 잘잘못을 따지는 것에는 스스로조차 속이는 '함정'이 있다. 어떤 불편이나 상처든 그때 그 당시에 바로 표현되어야 한다. 이것이 진실을 드러내는 가장 현명한 방법이다. 시간이 지나면 지날수록 진실은 희미해지기 마련이다. 한참을 지나서 기분 나쁘고 상처받았다 하여 과거의 일을 들추기 시작할 때, 그 함정이 작동한다. 지나온 긴 시간 속 과거에 붙들린 기억은 '내가 만든 이야기' 속에 갇힌다. 그 이야기가 만든 상처와 자기 옳음과 자기주장이 곧 나의 기억이 되어 버리는 것이다. 그러는 사이에, 그 당시 실제 일어난 사건과 그 영향은 사라진 지 이미 오래이며 확인할 길도 없다. 그런데도 **새롭게 창조된 자기 기억을 사용하여 타인의 기억을 조종하고 타인의 책임을 강요하는 것은 진실을 가장한 또 하나의 교묘한 폭력이 될 수 있다.**

그러니, 고백할 용도가 아니면, 지나간 일을 가능하면 들추지 말아야 한다. 상대의 잘못을 인정하게 하려고, 상대가 잘못했음을 증명하기 위해서, 상대의 사과를 받기 위해서 행하는 과거의 기억과 이야기들은 모두를 수렁과 고통에 빠뜨릴 뿐이다. **지나간 일에 대한 기억은 실제가 아니고 긴 시간 상념의 기계가 만든 이야기 속 자기만의 진실일 뿐이다.** 이 '함정'을 잊지 말자.

이 길밖에 없다

어떻게든 진실을 가려야겠다면, 결국 기억이 아닌 증거로만 말해야 한다. 해석과 짐작을 내려놓은 객관적인 제삼자적 증거이어야 한다. 애쓰지 않고도 증거 자체가 진실을 드러낼 때만, 그 증거의 가치가 있다. 그런데, 꼭 진실을 가려야겠는가? 그렇게 한참 지난 일에 대해 서로를 비난해야겠는가? 그도 그럴 수 있고, 나도 그럴 수 있고, 그 일도 이럴 수 있고 저럴 수 있음을 인정하고 받아들이는 것, 이것이 지금 주어지는 삶을 반갑고 충실히 살아가는 지름길이다. 우리는 억울함에서 벗어나야 한다. 원망에서 벗어나야 한다. 불만족에서 오는 허망함을 채우기 위한 과도한 변론을 내려놓아야 한다. 그러기 위해서는 이 길밖에 없다.

> "대립이 될 때는 기억에 의존하지 말고,
> 이럴 수도 있고 저럴 수도 있다는 것을 받아들여,
> 그 일과 그 사람에 대한 '옳고 그름'의 판단을 멈춘다.
> 꼭 진실을 가려야겠다면, 기억이 아닌, 오직 명확한 증거로만 말한다."

제발 과거 일 때문에, 지금 소중한 삶과 영혼을 혼란에 빠뜨리지 말기를~~!

49. 진정한 지지는 '나'로부터

종종 칭찬과 인정과 격려를 바라는 직원들의 하소연을 듣는다. 나 역시 가끔은 사람들의 인정과 칭찬을 받고 싶다. 그러나 잠깐 기분 좋게 하고, 잠깐 힘이 나게 하는 효과 말고는 얻는 것이 별로 없다. 오히려 더 깊은 수렁에 빠지고 만다. 밑 빠진 독에 물 붓는 것과 같아서 더 강렬한 인정을 갈구하게 되어 있다. 그래서 '인정 중독'이라는 말도 회자되는 것이다.

소셜 미디어 세상이 된 이후로는 중독성이 더 강화된 듯하다. 자기가 뭘 먹고 뭘 입고 어디에 가고 누구를 만나는지를 어떻게든 사람들에게 알리고 싶어 한다. 긍정적인 피드백 하나 더 받는 것이 너무 중요해져 버렸다. 카카오톡과 페이스북을 떠나지 못하는 이유가 여기 있다. 그러나 지난 경험으로 분명히 말할 수 있는 것은 이 욕망을 내려놓지 않는 한, 진정한 만족도 자유도 편안함도 내 삶과는 거리가 멀다는 것.

얼마 전부터 퇴근 후에는 가능하면 스마트폰을 멀리 두려 애쓴다. 가끔 오해를 받는 일도 있다. 카톡이든 문자든 전화든 일부러 피한다고 말이다. 이 정도는 그냥 감수하려 한다. 내 삶이 끌려다니며 망가지는 것보다는 훨씬 나으니까.

여전히 배가 고프다

왜 우리는 이토록 인정을 받고 싶은 것일까? 인류가 터득한 '오래 살아남는 비법' 중 하나라고 해도 대답이 되겠지만, '행복의 지속'이라는 관점에서는 별로 도움이 안 될 것 같아, 좀 더 성장 욕구를 자극하는 대답을 찾아보려 한다.

나는 인정 욕구와 인정 중독의 원인을 **'과거 결핍 경험에 대한 집착적 기억'**에서 발견한다. 뭔가 자신이 부족하고 잘못된 것 같은 오래된 경험이 누구나 있다. 그런 경험을 다시는 하고 싶지 않아 부단히 애를 쓰지만 나는 알고 있다. 내가 여전히 맘에 안 들고 부족하고 뭔가 문제가 있는 존재라는 것을! 이것을 다시 기억하고 기억하고 또 기억한다. 자기도 모르는 사이에 말이다.

그래서 충분히 인정받고 칭찬을 받아도 여전히 배가 고프다. 객관적으로 보아도 성취한 상태인데도, 여전히 그 옛날 부족하고 문제 많은 '나'로 나를 규정할 뿐이다. 그래서 더 강렬한 인정과 더 강렬한 성취와 더 많은 칭찬을 밖에서 밖으로 찾아다니지만, 그저 삶이 고단할 뿐이다.

내가 나를 모르는데,

네가 나를 안다 한들 알 길이 만무하고,

내가 나를 함부로 하는데,

누가 나를 아껴 준들 아낄 것이 무엇인가!

나는 내가 싫은데, 누가 나를 좋아한들 뭐가 그리 좋겠으며,

초라한 나 덧칠하고 지름신이 찾아와도

물 한 바가지 뒤집어쓰면 그게 그냥 그것일 뿐!

결국, 나로부터 모든 것이 시작한다.

언제까지 '밖에서' 인정과 격려와 지지를 찾으려나? 그러면 그럴수록 수렁에 빠진다고 했으니, 이제는 '안에서' 인정을 이끌어 내 보자. 진정한 지지는 나로부터 시작해야 끝이 보인다. 내가 나를 맘에 들어 하면, 손가락질을 당해도 괜찮은 법이다. 내가 나를 아껴 주면, 함부로 대하는 놈들이 많아도 충분히 견딜 만하다. 내가 나를 존중하면 험악한 세상에서도 더는 배고프지 않다. 어떻게 이것이 가능할까?

절정 경험에 자주 노출하기

10여 년 전에 직원 연수를 떠났던 일이 떠오른다. 그때가 가을 단풍철이었으니까 어디를 가든 자연의 아름다움을 만끽할 수 있었다. 특히 그날은 맑은 공기와 화창한 날씨에 넓고 푸른 하늘이 어우러졌으니 가을을 온전히 즐기기에 충분했다. 우리가 갔던 곳은 산 정상에 호수가 있고 그 주변에 산책로를 잘 갖춘 유원지였다. 올라갈 때는 버스를 탔고 내려올 때는 인파에 밀려 타의 반 자의 반 버스 대신 천천히 걸어 내려왔다. '자의반'이라고 한 것은 경치가 너무 아름다워 버스를 타고 훅 지나가기에는 너무 아까웠기 때문이다.

모두가 즐거워했다. 유독 눈에 띄는 동료가 있었다. 일터에서는 볼 수 없었던 해맑은 표정과 마냥 즐겁고 편안한 몸동작, 홀로 떨어져 걷는 모습이 천진난만 어린아이로 되돌아간 듯했다. 뭐가 그리 좋냐고 물었더니, 별다른 설명 없이 그냥 좋고 행복하단다. 그 어떤 근심도 노력도 결핍도 발견할 수 없었다.

오래전에 이런 종류의 만족감을 심리학자 매슬로는 '절정 경험'이라 불렀다. 절정이라 해서, 마치 산꼭대기와 같이 범상치 않은 최정점에 올라야만 경험할 수 있다는 말은 아니다. 이 경험은 일상에 널려 있다. 그러나 숨어 있다. 활짝 웃는 아기를 바라보는 엄마의 표정에서, 감탄사가 절로 나오는 자연의 아름다움 앞에서, 종교적인 신비 경험 속에서, 감동적인 영화로 눈물을 흘리다가, 홀로 한적한 곳에서 휴식을 취하다가, 문득 발견할 수도 있다.

이 경험의 특징이 있다. 그 경험 자체가 목적이 된다. 그래서 자의식이 줄어들고 눈치가 사라지고 경험 속으로 몰입한다. 과거 부정적 기억이 설 자리가 없다. 아무런 피드백이 없어도 괜찮다. 통제도 평가도 지적도 필요 없이 모든 것이 그런대로 지낼 만하다.

그러니 가능한 한 자주 '절정 경험' 속으로 들어가야겠다. 타인에게 뭔가를 바라거나 스스로 결핍이 느껴질 때는 더더욱 그리하면 좋겠다. 일부러 찾아가고, 숨어 있는 것을 발견해 보자. 필요하면 자기만의 절정 경험을 만나러 과감히 떠나는 것도 좋겠다. 그냥 존재하는 것만으로도 괜찮을 때까지 계속 가 보는 것이다.

밑동 잘린 맥문동

내 일터 한쪽 공간에는 조그만 정원이 있다. 센터 개관 초기에는 맥없이 늘어진 맥문동 어린 풀들만 듬성듬성 심겨 있었다. 정원 위로 툇마루를 형상화한 베란다가 툭 튀어나와 있었으므로 그대로 두면 어린 풀들이 말라죽을 것이 뻔했다. 이미 조경 나무 몇 그루가 말라죽었던 터라 맥문동

만큼은 어떻게든 살리고 싶었다. 틈나는 대로 물을 주고 자갈을 제거하며 정원을 가꾸었다. 이듬해 봄이 되자 새싹이 돋더니 진녹색 맥문동 이파리가 정원을 가득 채웠다. 한여름에 이르러서는 난생처음 보는 보랏빛 무릉도원이 펼쳐졌다.

어느 봄날, 자원봉사자 한 분이 더 풍성한 맥문동 정원을 만들고 싶은 열정에, 기존 맥문동 줄기를 잘라 내는 일을 감행했다(새순을 많이 나오게 하는 방법이라고 함). 오랜 시간 반려 식물 키우듯 가꾸어온 정원이 망가지려던 찰나에, 현장을 목격한 직원이 급하게 소식을 전해 주었다. 나는 허겁지겁 뛰쳐나가 자원봉사자를 제지했다. 그러나 이미 정원 한쪽 구석 맥문동이 잘려 나간 상태였다. 가슴이 무너지는듯했다. 밑동 잘린 맥문동 때문에 무릉도원 같던 정원을 완전히 망치고 말았다. 이후 정원을 지나칠 때마다 마음이 편치 않았다. 몇 개월 동안 애써 외면하기도 했다. 사람들이 잘못된 정원을 보고 비난하지는 않을까 염려도 되었다.

어느 날, 지인이 센터를 방문했다. 센터를 소개하느라 이리저리 다니다가 그만 지인이 맥문동 정원을 보고 말았다.

"아니 어떻게 이렇게 멋진 정원을 가꾸셨나요? 맥문동꽃이 너무 예쁘네요."

처음엔 놀리는 줄 알았다. 그 말에 나도 유심히 정원을 살펴보았다. **한동안 밑동 잘린 맥문동만 보였었는데, 몇 달 만에 정원 전체가 시야에 들어왔다.** 보라색 꽃들이 너무 예뻤다. 맥문동 사이사이 피어난 나팔꽃도 수줍게 웃고 있었다. 나비 두 마리가 정답게 노는 모습이 더해지자 센터 정원은 나에게 다시 무릉도원이 되었다.

인간은 누구나 '밑동 잘린 맥문동'을 두서너 개씩은 갖고 있다. 그러나 우리 안에는 그 잘못된 맥문동보다 멋지게 피어난 꽃들이 훨씬 많다. **자기 안에서 '밑동 잘린 맥문동'만 바라보며 얼마나 자주 절망에 빠지고 그 결핍을 밖에서 채우려 하는지** 우리는 직면해야 한다. 그리고 **의도적으로 99%의 더없이 아름답고 풍성한 꽃들**, 즉 자신의 강점을 비롯해 생동감, 여유, 선함, 독특함, 자발성에 시선을 돌려야 한다.

* * *

내가 나를 존중하고, 내가 나를 지지하는 다른 길이 잘 보이지 않는다. 상투적인 표현이겠지만, 이왕이면 나의 좋은 점을 알아주고, 좀 더 스스로 용서하고, 자주 가슴을 쓰다듬으며 "괜찮다.", "그럴 수도 있다."라고 말하는 것을 반복하는 수밖에 없다. 그리고 틈나는 대로 절정 경험을 찾아서 자기 지지와 자기 존중을 위한 기반을 튼튼히 하는 수밖에!

여력이 된다면 타인과 세상도 좀 더 너그럽게 보아 주어야겠다. 세상도 꼴사나운 '밑동 잘린 맥문동'만 있는 것은 아니다.

일터에서 길을 찾다

50. 두 개의 길

노력하든 안 하든, 그것과 상관없이 일어나는 삶의 영역이 있다. 공모 사업에 선정되기 위해 갖은 애를 써도 떨어지는가 하면, 반대로 먼저 찾아와 프로그램을 제안한 기관 덕택에 힘들이지 않고도 멋진 사업을 시작한다. 열심히 공부해도 대학에 갈까 말까 하지만, 부모 잘 만나면, 대신 논문도 써 주고 유학도 간다.

관심을 갖든 안 갖든, 그것과 상관없이 이루어지는 삶도 있다. 주식에 관심이 많다고 해서 주식 부자가 되는 것은 아니다. 동료와 함께 있는 걸 좋아한다고 해서 상대방이 편안해할 리가 없다. 어느 날 눈 떠 보니 연수가 차서 대리 승진을 하기도 한다.

거부하든 받아들이든, 그것과 상관없이 펼쳐지는 삶의 영역도 있다. 동료가 아무리 싫고 부담스러워도, 때가 되면 얼굴 맞대고 함께 일을 진행해야 한다. 어르신의 노년기 특성을 이해한다고 해서, 어르신 회원 등록 상담이 부드럽게 진행되지는 않는다.

기대하든 후회하든, 그것과 아무런 상관없이 일어나는 삶도 있다. 회의 중에 언성 높인 것을 후회한들 얼마 안 있으면 또 다툴 것이다. 센터에 사건·사고가 사라지길 기대해도, 언제나 예상치 못한 곳에서 문제가 발생한다.

장애를 갖고 태어나고 싶은 사람이 누가 있을까? 그러나 세상은 장애가 부지기수다. 코로나에 걸리고 싶은 사람이 누가 있겠는가? 그러나 우리 일터 직원 대부분 코로나에 걸려 고생했다. 사람들로부터 존경받고 싶지 않은 사람이 있을까? 그러나 어제도 난 존경은커녕 다투는 사람들만 발견했다. **이렇게 내 의지와 상관없이 삶은 그저 일어나고 있다.** 이런 삶에 대해 세상은 어떻게 반응할까?

친숙한 길

크게 두 부류로 나눠진다. 먼저 우리에게 친숙한 대처 방식부터 살펴보자. 요즘 연구가 활발한 뇌과학에 의하면, 인류는 위험을 감지하고 벗어나려는 탁월한 습성을 가지고 있다. 그 습성으로 지금까지 살아남을 수 있었고, 그 덕택에 지구 정복자가 되었다 한다. 그래서 사람들 대부분이 **'살아남기 위해서 뭔가를 준비하고 위험에 대비하는 삶'**을 살게 되는가 보다. 시험을 준비하고, 보험에 가입하고, 평생 머물 집을 장만하기 위해 열심히 일한다. 이 정도는 그래도 봐줄 만하다. 누구나 다 그렇게 하니까.

그러나 이 습성이 과도하면, 준비하고 대비하는 삶을 넘어서서 **'과도하게 염려하고 걱정하는 삶'**이 되고 만다. 이래도 걱정 저래도 걱정이다. 세상이 온통 위험천만한 곳이 되어 버린다. 그래서 어떻게든 살아남으려고 벽을 세운다. 사람을 믿지 못하고, 어떻게든 내 것을 지키기 위해 발악하게 되는데, 그러면 그럴수록 사람은 나에게서 떠나가고, 일은 빡빡하고, 삶은 더욱 암울하게 다가온다.

더 나아가 위험을 감지하는 인간 습성이 심각하게 과도하면, **'불안과 공포 속에서 허우적거리는 삶'**이 되고 만다. 극도의 공포를 경험하는 것이 공황이다. 살아가는 것 자체가 두려움의 연속이다. 두려워서 사람을 피하고(대인 공포), 두려워서 장소를 피하고(공장 공포, 폐소 공포), 두려워서 상황을 피한다(터널 공포, 지하철 공포). 결국 공황과 싸우다가 삶을 허비하게 된다.

친숙한 길의 불쏘시개

세상이 이런 삶의 방식을 유지하는 데는 다음과 같은 불쏘시개가 있기 때문이다. **'자기도 모르는 사이에 문젯거리를 찾고, 문제를 제기하고, 문제의 책임 소재를 가리는 것!'**

TV 뉴스를 보라. 대부분 이런 내용이다. 가끔은 필요하기도 하지만, 여기에 사용하는 에너지가 지나치게 과도하다. 사람을 망가뜨리고, 진실이 무엇인지도 모를 만큼 진영 싸움만 난무한다.

우리 개인의 삶도 마찬가지다. 자기 삶을 문젯거리로 보면 문제가 아닌 것이 별로 없다. 자기 약점을 다른 사람이 볼까 두렵고, 어떻게든 문제가 안 일어나도록 애를 써 보지만 어디 그것이 맘대로 되던가! 긍정 에너지를 다 갉아먹고, 다른 사람을 조종하고 내가 속한 조직의 에너지까지도 블랙홀처럼 빨아들인다. 안타깝지만 그런데도 문제는 일어나게 되어 있다.

또 다른 길

반면에 또 다른 삶의 방식도 있다. 바람이 불어도 괜찮고, 파도가 쳐도 괜찮고, 고통이 찾아와도 괜찮다. 혼자여도 괜찮고, 돈이 없어도 괜찮고, 욕을 얻어먹어도 괜찮다. **세상에서 문제라고 하는 것들이 전혀 문제가 되지 않는다.**

비록 파도가 일렁이는 망망대해 위에 홀로 누워 있지만, 몸이 가라앉지 않으리라는 무한한 신뢰가 마음을 든든히 붙잡고 있다. 종종 폭풍우 때문에 뒤집힐 것 같은 배 위에서도 편안히 잠을 잘 수 있다. **기대도 없고, 후회도 없고, 주어진 삶이 그저 신기하고 고마울 뿐**이다.

위험에 대비할 것이냐 무한 신뢰할 것이냐

평소 만반의 준비를 하고 대비하면, 평생 한두 번 닥칠까 말까 한 위험에서 벗어날 가능성이 커진다. 그러나 긴 시간 노심초사하다가 신경증에 걸려서 허우적거리기에 십상이다. 과도한 긴장과 스트레스로 평생 위장약을 가지고 다녀야 할지도 모른다. 주변 사람을 지나치게 닦달하여, 가는 곳마다 다툼을 일으킬 수도 있다.

반면에 삶이 내 편이라는 자기 긍정과 신뢰 속에서 순간순간 일어나는 삶에 '예'로 응답하며, 삶이 주는 은총과 기쁨을 누리며 살 수도 있다. 종종 예기치 않은 재난과 위험으로 어려움을 당하고 생을 마감할 수도 있지만, 그것조차 삶의 일부로 받아들여 세상에 평온의 씨앗을 심기도 한다.

한평생 위험에 대비하며 살 것인가?
아니면 위험이 오든 안 오든
폭풍우 속에서도 잠을 잘 수 있는 삶을 살 것인가?
한평생 노심초사하면서
살아남기 위해 바둥거리며 살 것인가?
아니면 무한 신뢰 속에서
삶이 주는 은총을 거저 받아 살 것인가?

어떤 삶을 살지는…… 지금…… 내 선택에 달려 있다.

7장

길 위에서 길이 되다

일터를 거울삼아 얻은
독특한 삶의 방식을
조심스럽게 펼쳐 보이다

51. 손님맞이

52. 씹던 껌은 휴지통으로

53. 은밀한 중에

54. 보물 있는 그곳에

55. 온전한 세상

56. 선택

57. 돌아가야 할 곳

51. 손님맞이

손님을 맞이하기가 쉽지 않은 시대를 살고 있다. 손님을 초대하지도 않고 손님이 되어 찾아가지도 않는다. 이사하면 으레 집들이했던 때가 있었다. 내 일터에서도 그랬다. 그러나 얼마 전부터는 집들이 문화가 옅어지더니, 코로나 시대를 살면서는 남의 집을 찾아간다는 것 자체가 더욱 어렵게 되었다. 우리는 손님이 없는 삭막한 시대를 살고 있는 셈이다.

불쑥 찾아오는 것

하지만 '불쑥 찾아오는 것'을 손님이라 할 때, 손님이 꼭 사람일 필요는 없겠다는 생각이 든다. 나에게 불쑥 찾아오는 것은 무엇이 있을까? 좋은 일을 찾고 좋은 삶을 꿈꾸다 보면, 때로는 애쓰는 것이 지나쳐서 걸려 넘어질 때가 있다. 노력하는데 그런 자신의 모습이 못 미덥다. 실수를 견뎌내기가 어려울 때도 있다. 힘든 생각이 찾아오고, 불편한 감정이 찾아오고, 몸의 균형이 깨지면 통증도 이곳저곳에서 나타난다.

이렇게 찾아온 것들을 내 것이니 내 마음대로 할 수 있을 것 같아도, 웃음을 잃고 여유가 없으면 그것들이 나를 마음대로 휘젓고 다닌다. 이것이 매일 손님을 맞이하는 내 모습이다.

불쑥 찾아온 사건, 상황, 사람, 생각, 감정, 실수, 질병, 통증, 염려, 후회, 불안 등등 이 손님들을 손님으로 잘 맞이해야 하는데, 부지불식간에 손님이 주인 행세를 하고 있으니….

손님맞이는 이렇게
어릴 적 찾아온 손님을 대접하던 어머니의 모습이 떠오른다.

아는 손님이든 낯선 손님이든
편안히 있을 수 있도록
사랑방을 내주고, 귀한 음식도 주고,
이런저런 대화를 나누면서 서로 힘이 되는 시간도 갖고,
잠잘 때가 되면
손님용 깨끗한 이불로 잠자리를 마련한다.
그리고 때가 되면
언제나 손님을 내 집에서 떠나보낸다.

손님은 이렇게 맞이해야 한다. 손님을 아예 집에 못 들어오게 하는 것도 문제지만, 손님이 주인 행세를 해도 문제다. **잠깐 어울려 지내다가 때가 되면 떠나보내는 것**, 이것이 손님맞이의 진수이다. 주구장창 떠나지 않는 손님은 더 이상 손님이 아니다. 찾아온 손님과 다투는 순간 역시 그 손님은 손님이 아니게 된다. 손님을 무시하면 난동을 부릴 수도 있다. 손님이 "밥 내놔라, 돈 내놔라." 하면, 집 안은 난장판이 되고 만다.

손님은 손님답게 머물러야 뒤끝 없이 자기 갈 길을 가고 내 집은 쉼이

머무는 공간으로 편안히 돌아간다.

같이 놀다가 가만히 놓아두라

찾아온 생각을 어찌하면 좋을까? 손님으로 맞이하면 좋겠다. 없애려고도 말고, 싸우지도 말고, 무시하지도 말고 그저 손님 맞이하듯 잠시 대접하고 같이 놀다가 가만히 놓아두면 좋겠다. 때가 되면 나에게서 떠나갈 것이다. 불쑥 찾아온 불편한 감정도, 불안도, 후회도, 통증도, 고통도, 손님으로 맞이해 보자. 같이 소풍 나온 듯, 함께 놀다가 가고 싶을 때 가게 두는 것이다.

제발 손님이 내 주인이 되게 하지는 말자. 내 것이라 집착하는 순간, 싫다고 거부하고 억누르는 순간, 찾아온 그것이 무엇이든 곧 나 자신이 되어 버린다. 생각이 곧 내가 되고, 감정이 곧 내가 되고, 통증이 곧 내가 되어 버리면, 그것은 오랜 시간 내 집에 머물러 나를 괴롭힐 것이다. 아무리 멋진 사람이 되고 싶어도, 아무리 친구를 사귀고 싶어도, 아무리 행복한 가정을 만들고 싶어도, 아무리 삶에 만족하고 싶어도 그것들이 나를 가만 두지 않는다.

그러니, 뒤로 물러나서,
찾아온 그것에 공간을 주고, 물도 주고, 과자도 주자.
잠깐 어울려 놀다가,
살포시 물러나 미소로 지켜보면,
그것은 곧
손님으로 떠나갈 것이다.

일터에서 길을 찾다

52. 씹던 껌은 휴지통으로

산다는 것이 껌을 씹는 것과 같다는 생각이 든다. 껌 맛이 참 다양하다. 단맛을 기본으로 하지만, 딸기 맛도 있고, 시큼한 맛도 있고, 커피 맛도 있다. 한동안 운전 중에 잠을 깨기 위해서 씹으면 정신이 번쩍 드는 맛을 가진 껌도 유행한 적이 있다.

우리 인생도 비슷하다. 그래서 희로애락이라 표현한다. 기쁜 일도 있고, 슬픈 일도 있고, 화가 나는 일도 있고, 즐거운 일이 있는가 하면, 억울한 일도 생긴다.

껌을 씹듯 그냥 살자

삶에서 순간순간 경험하는 것들, 날마다 찾아오는 일과 사람들을 모두 '껌'이라 여기면서 이야기를 좀 더 해 보자.

껌은 씹어야 껌이다. 마찬가지로 삶은 살아야 삶이다. 어떤 일이든 일어나면, 어떤 사람이든 만나면, 껌을 씹듯, 그냥 살아 내는 것이다. 껌을 입에 넣으면 자동적으로 씹게 되듯이, 좋은 일, 이득이 되는 일만 맞이하는 것이 아니라 좋든 싫든, 편안하든 어색하든, 지금 찾아온 사람과 일과 삶을 그냥 맞이하는 것이다.

겨드랑이에 붙인 껌

그런데 말이다. 씹고 남은 껌을 휴지통에 버려야 하는데, 껌딱지를 얼굴에 붙여 놓고 만다. 겨드랑이에 붙일 때도 있다. 손바닥에 붙일 때도 있다. 들러붙은 껌 때문에 불편하기는 이루 말할 수 없고, 지저분하다고 때마다 아우성치지만 어떻게 떼어 내야 할지 모른다.

살면서 결단을 내려야 하는데, 우왕좌왕하다가 때를 놓치는 일들이 허다하다. 그 녀석과 단절하고 새로운 사람을 만나면 좋겠지만, 힘들어하면서도 계속 만난다. 요즘 데이트 폭력이 심하다는 뉴스를 들어보았을 것이다. 애인 사이인데도 남자가 여자를 괴롭히고 죽이기까지 한다. 강력한 법을 만들어서 예방하면 좋겠지만 그것도 쉬운 일이 아닌가 보다. 안타깝게도 만남 초기에 이 사람이 아니다 싶을 때는 과감하게 단절하면 될 텐데, 감정에 이끌려 다시 만나다 보니 결국 돌이킬 수 없는 참변에 이르고 만다. 이성 관계든, 직장 동료 관계든, 사업 관계든, 친척이든, 뭔가 아니다 싶을 때는 과감하게 소리쳐서 끊어 내는 것이 참 중요하다. 그러나 그렇게 하지 못할 때가 우리 삶에서는 자주 일어난다.

새 직장을 찾으면 될 텐데, 그놈의 정 때문에, 경제가 어렵다고 하니, 미래가 불안해서, 그냥 눌러앉았다가 나중에 후회하는 일들도 많다. 집 베란다를 깨끗이 정리하면 정신도 맑아지고 생활이 윤택해질 것 같은데, 버리기에는 너무 아까워서 물건들을 계속 쌓아 놓는다. 베란다를 보기만 해도 얼굴 찌푸려지고 불편한데도, 오랫동안 그랬던 것처럼 그냥 그대로 둔다.

이처럼 씹은 껌은 과감히 쓰레기통에 버려야 하지만, 얼굴과 손바닥에 붙여 놓고, 지저분하고 불편하다고 불평하면서도 그냥 두는 일들이 우리 삶에서는 너무 허다하다.

들러붙은 껌을 다시 씹다

더욱 안타까운 것은 들러붙은 껌을 떼어 다시 씹는다는 것이다. 겨드랑이에 붙어 있는 껌딱지를 다시 입에 넣어 씹는다고 생각해 보라. 굉장히 불쾌하고 해괴한 일인데도, 나와 내 주변에서 날마다 펼쳐지고 있다.

지난 사건과 이미 일어난 일 때문에 힘들어하고 있다면,
그때 그 사람의 행동 때문에
지금까지도 상처받아 괴로워하고 있다면,
휴지통에 있어야 할 냄새나는 껌을 다시 씹고 있는 셈이다.
뭔가 짜증이 나 있고,
우울해하고, 불안에 휩싸여 있다면,
이 역시 겨드랑이에 붙인 냄새나는 껌딱지를
다시 떼어서 씹고 있는 셈이다.

날마다 새로운 껌을 씹자

씹던 껌은 때가 되면, 휴지통에 버려야 한다. 그리고 매 순간 우리에게 다가오는 달콤새큼한 새로운 껌을 날마다 씹어야 한다. 지나간 일을 다시 떠올려 되씹고 되씹는 어리석은 일을 과감히 내려놓자. 이미 지나간 그 녀석의 말을 다시 떠올려 괴로워하는 일을 제발 멈추자. 그때 분하고 억울했던 일도 이미 지나간 지 오래다. 그 냄새나는 일들을 다시 되새김질

하듯 떠올려서 우리 자신을 더 이상 괴롭히지 말자.

이전 것은 모두 지나갔다. 그러니 지금 다가오는 새 일을 만나고 새 사람을 만나자. 지금 다가오는 것이면 그것이 무슨 일이든 어느 누구든 새 일이고 새 사람이다. 과거의 경험으로 보지 말고, 후회와 불안의 시선으로 보지 말자. 그때 그 불쾌한 인상과 감정으로, 지금 만나는 사람과 상황을 대하지 말자. 마치 새 껌을 씹듯, 처음 만나고 처음 보듯이 삶을 살아 보는 것이다.

껌은 씹다가 단맛이 사라지면, 과감히 휴지통에 버려야 한다. 제발, 침 묻은 껌을 얼굴에 붙여 놓고, 잘잘못을 따지느라 허송세월 보내지 않기를~! 제발 겨드랑이에 붙여 놓은 껌을 도로 입에 넣고 불평불만으로 소 되새김질하듯이 살지 않기를~!

지금 이 순간에도 삶은 우리에게 새롭고 달콤한 껌을 계속해서 던져 주고 있다. 이 달콤한 인생을 일부러 괴로움을 자아내며 살 필요는 없지 않을까. 비결은 씹던 껌을 과감히 버리고, 되씹지만 않으면 된다.

53. 은밀한 중에

삼가 조심하여 은밀함을 유지해야 할 때가 있다. (1) 누군가를 도와주거나 선을 베풀 때~! (2) 의식 수준을 높이려 할 때~!

우리 뇌의 강렬한 욕망

아주 오래전 야생에서 수렵 생활을 하던 시절, 인류가 생존하기 위해서 절대적으로 필요했던 존재는 '사람'이었다. 함께 하는 사람이 많으면 많을수록 생존 확률이 높아졌기 때문이다. 그래서 '사이'가 가미되어 사람을 '인간'이라 하는 것이 아닐까! 문제는 옆에 있는 사람이 중요해지니, 그 사람에게 어떻게든 인정받고 잘 보여야만 함께 할 수 있는 가능성이 높아진다는 데 있다.

잘 보이고 싶고, 인정받고 싶은 마음~! 그 속성은 지금도 별반 다르지 않다. 첨단을 달리는 기술과 지식, 화려한 문화를 향유할 만큼 긴 세월이 지났는데도, 우리 뇌는 여전히 원시인의 그것과 동일하기 때문이다. 살아남기 위해 펼치는 인간 마음의 강력한 욕구와 일련의 작동은 유전자에 깊이 새겨진 듯 모든 인류에게서 공통으로 발견된다.

겉 사람

이렇게 살아남고 싶은 욕망을 일부 심리 이론에서는 '에고', '자아'로 표현하는 듯하다. 통상 자신의 성격, 이미지, 역할 등으로 규정된 '나 자신'이기도 하다. 나는 성서의 가르침을 따라 이런 나를 '겉 사람'이라 표현하려 한다.

겉 사람은 모든 삶의 영역에서 무의식적으로 작동하면서, 인간이 경험하는 대부분의 다툼과 고통과 스트레스를 만들어 낸다고 해도 과언이 아니다. '무의식적'이라는 표현에서 알 수 있듯이, 이 겉 사람은 나도 모르는 사이에 '나로서' 교묘히 활동한다. 이 때문에 겉 사람으로부터 헤어날 길을 찾기가 그렇게 쉽지만은 않다.

나락으로 떨어지는 길

선을 행하는 것은 부지불식간에 저절로 이루어질 때 그 존재 가치가 있다. 자기 자신이 선을 행했는지도 모르는 상태이어야 한다. 그저 자신의 행위 그 자체만을 민감하게 알아차릴 뿐이다. 그러나 겉 사람이 작동하는 순간 선은 선이 아니게 된다. 실적을 쌓고 인정받기 위해, 또는 좋은 사람으로 여겨지기를 원하는 마음으로, 선한 행위를 하려 할 때, 우리 영혼은 나락으로 떨어지게 되어 있다.

기도할 때도 마찬가지이다. 기도하는 척, 거룩한 척, 괜찮은 사람인 척, 겉모양이 중요해지는 순간, 그 때의 기도는 신이 가장 싫어하는 행위가 된다.

우리 의식의 성장을 향한 움직임에도 그대로 적용된다. 공부든 마음의 수련이든 금식이든 그 무엇이든, 자신이 좋은 사람으로 보여지기를 원하는 욕구가 작동하는 순간 우리 영혼과 의식은 성장하지 않는다. 오히려 '에고'의 철창 안에 갇혀서 자신이 누구인지도 모른 채, 순간적인 인정만을 좇는 허망한 삶을 살 뿐이다.

속 사람

그러므로 '은밀함'은 본질로 다가가기 위한 최소한의 장치이다. 사람에 대한 본능적인 충동을 넘어서서 홀로 서야 한다. 홀로 서서 우리의 중심, 우리 존재의 근원에 다가가야 한다. 겉 사람이 갈 수 있는 길이 아니다. 살아남기를 포기하고, 잘 보이고 싶은 욕구를 내려놓고, 그 아래 또 다른 '나'로 존재해야만 가능하다. 성서의 가르침을 받아들여 이 새로운 나를 나는 '속 사람'이라 표현하려 한다.

속 사람은 언제나 중심을 향해 있다.
중심에 닿아 있으면 굳이 잘 보일 필요가 없게 된다.
이 중심에서 나오는 선한 행위와 기도가
진정한 선이자 기도이다.

그러므로 타인을 향한 노력과 선한 행위와 성장을 위한 노력이 물거품이 되지 않기를 진정으로 바란다면 모든 곁가지를 잘라 내야 한다. 곧장 아래로 내려가라. 내 존재의 뿌리로 내려가라. 내 존재의 심연에 닿으면 흔들림 없는 언어와 행위를 만날 수 있다. 그것이 씨앗이 되어 싹이 나고 꽃이 피어 열매를 맺으면, 감히 기대하지 않은 '그런대로 괜찮은 삶'이 펼쳐질지도 모른다.

그러니 가식이 우리 삶을 지배하지 않도록,

'나'라는 존재가 우리 중심에서 너무 멀리 떠나지 않도록,

삼가 조심하여 은밀함을 유지하자!

일터에서 길을 찾다

54. 보물 있는 그곳에

보물섬 이야기가 있다. 보물을 찾기 위해 생명의 위협을 무릅쓰고 항해와 암투와 배신과 총칼 든 싸움 끝에 보물을 쟁취한다는 이야기! 여기서 보물은 예상되는 대로 금은보화이다. 현실에서는 가능성 제로인 이야기!

어느 날, '보물이 그 보물이 아닐 수도 있겠다'는 생각이 찾아오면서, 나에게 그 이야기는 종종 예사롭지 않은 인생 이야기가 되어, 흘러가는 삶의 이정표로 서 있다.

마음을 사로잡는 그 무엇

보물! 내 마음을 사로잡는 그 무엇! 내 생명만큼 소중히 다가오는 그 무엇! 그것이 금은보화일 수도 있지만, 현실에서는 천 개의 얼굴을 띠고 다가온다. 아주 가까이에서 이미 우리를 웃게도 만들고 울게도 만들고 있다.

보물이 있는 곳에 마음도 있다 한다. 마음이 있는 곳에 보물이 있다고도 할 수 있다. 게임에 마음을 빼앗겨 본 적이 있는가? TV 드라마에 마음을 빼앗겨 본 적이 있는가? 자기도 모르는 사이에 시간과 열의와 돈을 허비하게 만드는 일들이 참 많다. 부동산이나 주식 때문에 천국과 지옥을 경험하고, 어떻게든 내 주장과 생각을 관철하기 위해 주변 사람들과 다툼이 끊이지 않을 수도 있다. 멋진 옷을 입고, 화장을 하고, 예절을 지키고, 우울해도 어떻게든 웃을 수 있는 것은 누군가에게 '부족하고 나쁜 사람'으로 비치는 것이 죽음보다도 싫다는 마음의 충동 때문일 수 있다.

더욱 고상하고 교묘한 보물도 있다. 민주사회의 최상의 가치, 존중~! 그래서 무시당하는 것을 참아 낼 수가 없다. 청원 게시판, 민원실, 고충처리위원회가 어디든 북새통이다. 온 세상이 다들 자신을 알아달라고 아우성친다. 큰소리와 다툼이 끊이질 않고, 존중받고 싶은 것과 이익을 얻는 것에 온통 마음을 빼앗긴다.

이렇듯 보물은 멀리 있지 않다. 지금 내 마음을 사로잡는 그것! 그것이 내 보물이다. 돈을 좇고 명예를 좇고 신념을 좇고 인정을 좇고 무시 받지 않으려 불평불만을 토하는 동안 칭찬 한 번 더 받고 떡 하나 더 받을 수 있지만, 보이지 않는 대가(代價)가 너무도 크다. 배려심을 잃고 만족을 잃고 평화를 잃고 사람을 잃는다. 세상의 아름다움을 볼 수 없고, 주어진 것에 감사할 줄을 모른다.

또 다른 차원의 보물도 있다.

∨생각과 욕망을 넘어선 곳, 보이지 않는 그 너머의 세계!
∨신과 함께 거닐며 만끽하는 자유로움!
∨끌어당기고 밀쳐 냄 없이, 흘러가는 삶에 내어 맡김!
∨예술 작품 감상하듯, 펼쳐지는 세상 음미하기!
∨이심전심, 긍휼히 여기는 마음, 거기서 그것과 하나 되기!

뜬금없이 다가오는가? 다시 한번 읽어 보라. 나와 상관없을 것 같아도, 어렴풋이 떠오르는 기억을 따라, 마치 타지에서 고향을 그리워하듯 이렇게 되뇔지도 모르겠다. "나도 그때는 그랬었는데…."

어정쩡한 중간은 없다

그러나 인생은 두 주인을 섬길 수 없다 하니, 참으로 고약하기 그지없다. 돈이냐, 평온함이냐? 겉 사람이냐, 속 사람이냐? 보이는 것이냐, 보이지 않는 것이냐? 바깥쪽이냐, 안쪽이냐? 의도할 것이냐, 내어 맡길 것이냐? 여러 일로 분주할 것이냐, 한 가지 일로 마음을 지킬 것이냐?

그 중간이 있으면 좋으련만, 둘 다 가질 수 있으면 좋으련만, 삶의 법칙이라는 것이 이것을 허락하지 않는다. 하나를 중하게 여기면, 다른 하나는 경하게 여기게 되어 있다. 내 생각을 중히 여기면, 하늘의 뜻을 가벼이 여기게 된다. 인정받음을 중히 여기면, 긍휼한 마음을 가벼이 여기게 되어 있다. 돈을 사랑하면, 내어 맡김과 더 큰 존재의 능력을 가벼이 여기게 된다.

나는 어디에 마음을 두고 어디를 향해 갈 것인가?
구름 위 '하늘', 파도 아래 '심연',
소용돌이 속 '태풍의 눈'이 되어,
세상에서 허우적거리지 않고 세상을 구경하며,
언제나 하늘이고 싶다.

진정으로 하늘이고 싶으면, 지금 당장 어느 주인을 섬기며 어디에 마음을 빼앗기고 있는지 알아차리는 것부터 시작해야 하지 않을까….

55. 온전한 세상

세상이 온통 불안하다. 취업난, 경제 위기, 전염병……. 생존을 위협하는 것들로 꽉 차 있는 것 같다. 하기야 요즘만 그랬겠는가. 인간 역사 속에는 위기가 아닌 적이 한 번도 없었을지도 모른다. 모든 것이 얕고 가볍다. 눈에 보이는 것이 전부인 것처럼 반응하느라 정신없다. 불안과 반응. 이 둘이 합쳐지니, 말도 가볍고 생각도 가볍고, 바람 한번 불면 흩어져 버리는 쭉정이처럼 주변 영향을 너무 쉽게 받는다. 작고 깊고 보이지 않고 흔들리지 않는 세계도 분명 있을 터인데…. 이것을 감지할 감각이 아예 사라진 것일까! 나는 이 무감각의 원인을 '온전'의 부재에서 찾으려 한다.

온전의 개념

'온전'의 사전적 의미는 본바탕 그대로인 상태, 잘못된 것이 없는 상태를 말한다. 완전하고 완벽한 사람이 되라는 의미가 아니다. 컵에 물이 가득한 상태를 '완전'이라 한다면, '온전'은 컵에 물이 들어 있는 그만큼 그대로인 상태를 말한다. '완전'이 처음부터 한결같이 아무 문제 없다는 것을 의미한다면, '온전'은 없으면 없는 대로 있으면 있는 대로 더할 것도 뺄 것도 없는 지금의 '있는 그대로'를 의미한다. 그래서 '완전'이 한결같은 무결점을 지향한다면, '온전'은 '받아들임'과 '회복'과 '순간'에 초점이 있다.

긴 시간 일과 관계 속에서 허우적거리는 동안 흐릿하게 알게 되는 것은 '온전' 없이 원하는 삶을 살 수 없다는 것이다. '온전' 없이 성취든 관계든 심리적 안정이든 내가 가고 싶은 그곳에 존재할 수 없다. '온전'이 없으면 well-being도 없다. '온전'이 없으면 '사람다움'도 사라진다.

이러한 온전성을 어찌 복원할 것인가? 나는 책임을 지는 사람들 속에서, 힘 있는 말속에서, 그것을 그것으로 보는 단순한 감각에서 조금씩 회복되는 '온전'을 발견하곤 한다.

책임지기

지적을 받거나 실수가 드러날 때 반응하기에 정신없다. 핑계를 대거나 안 그런 척하거나 부정적 감정의 철창 속에 갇힌다. '핑계'와 '척'은 인간이 살아남는 (순간을 모면하는) 최고의 기술이지만, 거짓말로 가는 지름길이어서, 시간이 조금만 지나면 온전의 기반인 '신뢰'를 모두 잃게 만든다. 사람을 잃고 싶지 않아서 버둥버둥 입은 옷이 고약한 옷 냄새로 사람을 밀쳐 내는 꼴이다.

그러므로 일이 틀어지고 관계가 왜곡된다 싶으면, 일단 반응을 멈추고, 입 닫고, 상황과 사실을 정확히 파악할 수 있는 시간을 가져야 한다. 명확하게 자기 잘못이 드러날 때는 과감히 고개를 숙여야 한다. 이것이 쉽지가 않다. 사회복지에 몸담은 긴 시간 동안 나는 '고개 숙인' 용감한 사람을 손에 꼽을 만큼 만났을 뿐이다.

자기 잘못이 드러날 때 가장 낮은 수의 반응은 비난할 다른 대상을 찾는 것이다. 대상은 사람일 수도 있고, 상황일 수도 있다. 그래야 자기 이미

지가 망가지지 않고 살아남을 수 있다고 자동으로 생각이 드는 모양이다. 이런 모습을 나는 나를 포함한 수없이 많은 사람에게서 지금도 수시로 발견하고 있다. 그러나 그렇게 하는 한, 우리 삶은 속는 법이 없다. 어떤 방식으로든 우리 정신과 삶을 피폐하게 만든다. 잠시 순간을 모면할 수는 있을지라도, 거짓과 핑계, 회피로 얻은 가면은 언제나 또 다른 역동으로 우리를 괴롭힐 것이다.

말의 힘

힘없는 말이 너무 많다. 아침 일찍 일어나기로 했으나 침대의 유혹을 이기지 못한다. 하루 만 보를 걷겠다 해 놓고 작심삼일에 그친다. 면접 약속을 잡아 놓고 오지 않는다. 일하기로 응답해 놓고도 출근 날 연락이 되지 않는다. 회의하기로 했으나, 일에 파묻혀 기억 속에서 사라졌다. 얼마나 많은 말들이 공허하게 허공으로 흩어지는지 우리는 돌아볼 필요가 있다.

'가나다'를 말하면 '가나다'를 행하는 것이 '온전'의 시작이다. 말과 발이 같이 움직이는 것, 이것을 말이 '살아 있다'라고도 하고, 말이 '숨을 쉰다'라고도 하고, 말에 '힘이 있다'라고도 한다. 신뢰는 저절로 생기지 않는다. 약속을 지키고 입 밖으로 뱉은 말에 스스로 책임질 때 비로소 그를 세상은 '신뢰할 수 있는 사람'이라 부른다.

안타깝게도 인간 속성상 약속은 어기게 되어 있는 것 같다. 세상에서 벌어지는 일은 내 편이 아닌 경우가 더 많다. 내 뜻대로 펼쳐지지 않는다. **그래서 약속을 하는 것보다는 약속을 지키는 것에, 약속을 지키는 것보다는 약속을 회복하는 것에 더 마음을 쏟아야 한다.** '가나다'라 말한 것을 지키지 못할 것 같으면, 핑계 대거나 회피하지 말고, 자신의 실수를 인정하고 사과하고 약속을 새로 잡는 것이 중요하다. 그리고 어떻게든 그 새 약속을 지켜야 한다. 말의 힘을 회복하는 다른 길은 없다.

그것을 그것으로!

악인과 선인 모두에게 태양이 비치는 법이다. 의로운 자든 불의한 자든 모두 비를 맞는다. '온전'이란 이런 진실 앞에 우뚝 서는 것이다. 일어난 일에 아무런 의미를 부여하지 않고 단지 그 일에 우뚝 서야 한다.

그러나 무슨 일이 일어나면 수많은 의미가 달라붙는다. 그리고 그 의미들에 힘이 실리면 실릴수록, 사실과 진실은 사라지고 혼란이 세상을 뒤덮는다. 의미로 가득 찬 이야기 속에는 합당한 이유와 합리적인 해석이 담겨 있으나 '온전'과는 거리가 멀다.

깨어 있어야 한다는 말이 있다. 종교적인 얘기가 아니다. 상념에 잠겨 있지 말고 잘 듣고 잘 보아야 한다는 뜻이다. 깨어 있어서, **과거의 기억과 미래의 기대에서 벗어나(수많은 의미와 이야기에서 벗어나) 지금을 살 수 있는 만큼만** 우리는 온전해질 수 있다.

온전은 똑똑한 사람이 아니라 총명(聰明)한 사람을 원한다. 그러니 그것을 그것으로만 보자. 혹시 아는가? 옳고 그름을 가릴 필요 없는, 잘못된 것이 없는, 본바탕 그대로인 '온전'한 세상이 눈앞에 펼쳐질지도~!

56. 선택

장고(長考) 끝에 악수를 둔다. 이것저것 따져 보고, 최선이라 결정하지만, 아침에 다르고 저녁에 다른 것이 인간의 마음이다. 결국, 결정 장애에 이른다. 이도 저도 못 하는 상태…. 이것도 좋고 저것도 좋고, 이것도 맘에 안 들고 저것도 맘에 안 드는데, 그중에서 선택하려니, 머리가 터질 지경이다. 분명 어제는 '그런' 이유로 '이것'으로 결정했는데, 오늘은 '이런' 이유로 '저것'을 결정하고 싶어진다.

삶은 선택이다. 합당한 이유가 있든 없든, 무엇 하나를 선택하고, 그 선택을 유지하면 그것이 곧 나의 삶이 된다. 기대(企待)는 삶에 아무런 영향을 주지 못한다. 아무리 크고 멋진 기대라도, 선택 없이는 나와 아무런 상관이 없다. 기대와 희망은 큰데, 이도 저도 아닌 상태로 문지방을 사이에 두고 양다리를 걸치고 있는 것이 문제다. 멈추면 멈춘 대로 삶이 흘러가고, 문을 넘어가면 넘어간 대로 삶이 펼쳐질 텐데, 양다리를 걸치고 우왕좌왕하니, 몸도 마음도 우왕좌왕, 삶도 우왕좌왕, 도우려는 하늘도 어찌할 바를 모른다.

그 길에 100% 마음을 두는 것

그냥 선택하라. 합당한 이유가 있어도 좋고 없어도 좋다. 오래 생각한다고 해서 좋은 선택을 하는 것이 아니다. 다 생각 장난이다. 일단 선택하면, 삶은 그 선택에 힘을 싣는다. 우주가 그렇게 하고 신이 그렇게 한다. 그러나 후회가 일어난다면 그것은 선택이 아니다. 선택해 놓고, 남의 담장 너머를 기웃거리거나 또 다른 상념에 마음을 빼앗기고 있다면, 그것은 선택이 아니다.

선택은 100% 그 길에 마음을 두는 것이다. 그 선택을 죽을 때까지 바꾸지 말라는 뜻이 아니다. 합당한 이유가 있든 없든 그저 새롭게 선택하면 된다. **중요한 것은 바꾼 선택에 후회 없이 100% 마음을 두는 것이다. 또 다른 길의 여지를 두지 않는 것이다.** 이럴 때, 그 선택이 어떤 모양이든 우주와 신과 삶은 거기에 힘을 싣기 시작한다.

'그러함' 선택하기

한 단계 업그레이드된 선택도 있다. 이는 선택하는 삶이 체득되면, 저절로 다가오는 듯하다. 이는 욕망과 기대와 목적에 의해 삶이 펼쳐지는 것이 아님을 깨닫는 과정에서 일어나곤 한다. 그것은 의도와 기대가 없는 순간순간의 삶이 곧 내 선택이 되는 것이다.

하늘이 푸르면, 그것이 곧 내 선택이 된다.

날씨가 흐려도, 그것이 곧 내 선택이 된다.

꽃이 피면, 그것이 곧 내 선택이 된다.

꽃이 져도, 그것이 곧 내 선택이 된다.

우연히 사랑이 찾아오면, 그것이 곧 내 선택이 된다.

사랑이 지나가도, 그것이 곧 내 선택이 된다.

모든 것이 일어나는 그대로 다 괜찮은 것. 최고 수준의 선택이라 할 만하다. **억지 없이, 기대 없이, 후회 없이 '그러함'의 삶이 펼쳐진다.** 인생 최고의 삶이라 할 만하지 않은가!

진정한 자기 신뢰

자기를 신뢰해야 한다고 한다. 그래야 자존감도 높아지고 행복해진다나 뭐라나~ 누구든 자신을 신뢰하고 싶어 하지만, 어디 그게 맘대로 되던가? 어떻게 할 줄 모르니, 그저 그림의 떡일 뿐이다.

내가 경험하는 '자기 신뢰'는 결심으로 이루어지는 것이 아니라, 실존적인 온전한 선택으로부터 온다. 합당한 이유가 있든 없든, 그 순간 자신의 선택이 온전한 선택이 되게 하는 것이다. 하나의 생각이든 하나의 행동이든 하나의 태도이든, 하나의 결정이든, 제발 후회하지 말고, 양다리 걸치듯 다른 곳에 마음을 빼앗기지 말라. 이러한 온전한 선택을 '지속'하는 것이 곧 자기 신뢰이다. **순간의 선택이 얼마나 삶을 아름답고 풍요롭게 할 수 있는지** 몸소 탐구해 보면 좋겠다.

진정한 타인 신뢰

사랑하는 이를 어떻게 신뢰할 것인가? 일터 동료를 어떻게 신뢰할 것인가? 누구나 그렇게 하고 싶다. 그러나 잘되지 않는다. 내 기대와 내 욕구를 상대에게 투사하니, 어떻게든 바꾸려 하는 것이 아닌가! 좋은 말과 좋은 태도로 구슬리든 상관없다. 상대의 선택을 받아들일 수 없다면, 양의

탈을 쓴 늑대일 뿐이다.

　내가 할 일은 사랑하는 이가 온전한 선택을 할 수 있도록 지지하는 것뿐이다. 내 삶이 그렇듯, 그가 어떤 선택을 하든 그 선택이 곧 그의 삶이 된다. 내 판단, 내 의지, 내 기대는 그가 선택하지 않는 한 그의 삶에 아무런 영향력이 없다. 그러니 사랑하는 이와 동료와 친구가 온전히 선택할 수 있도록 지지하고 감싸 안기만 하라. 내가 그의 삶을 좌지우지하려 할 때, 그의 영혼은 상처받을 뿐이다. 그러므로 **누군가를 신뢰한다는 것은 그가 하는 모든 선택에 100% '예' 하는 것**이다.

＊ ＊ ＊

　다시 상기해 보자. 선택은 한 번 선택을 끝까지 유지하는 것을 말하는 것이 아니다. 선택은 언제든 바꿀 수 있다. 후회 없이, 양다리 걸치지 않고 그 선택에 머물면 된다. 이것을 유지하는 한, 언제든 또 다른 선택을 하면 된다. 이런 선택을 지속할 때, 이것을 '자기 신뢰'라 하고, 타인의 선택에 100% 예라고 공간을 허용할 때, 이것을 '타인 신뢰'라 한다.

선택의 법칙

1) 합당한 이유가 있든 없든 일단 선택한다.
2) 선택한 후에는 후회하거나, 다시 어정쩡 서 있지 않는다.
3) 담장 너머로 가는 주의를 회수하라. 또 다른 길에 힘을 싣지 말라.
4) 이 선택에 신과 우주의 무한한 에너지가 돕고 있음을 받아들인다.
5) 이 선택의 결과는 하늘에 맡겨라. 그것이 무엇이든 신의 뜻이다.

57. 돌아가야 할 곳

어릴 적에 친구들과 동네 한구석에서 놀다 보면 시간 가는 줄도 모르게 되는 경험을 한다. 해 질 녘, 멀리서 엄마 소리가 들린다.

"○○야~, 밥 먹어라~"

그제야 하나둘 집으로 돌아간다. 밥 먹고 쉬고 자고……. 이처럼 우리는 때가 되면 언제나 집으로 돌아가야 한다.

아침 눈을 뜨면서부터 온통 생각이 생각의 꼬리를 물고 있다. 침대가 온몸을 끌어당기는 듯 몸과 마음이 무겁다. 사람들의 시선은 왜 그렇게 신경을 쓰는지…, 하루 종일 자기 자신이 뭔가 잘못한 것은 없는지 찾느라 바쁘다. 직장에서, 집에서, 친구 모임에서조차 자기 의견을 관철하기 위해 언성을 높이고 상대를 무시하고 짜증 내는 등 온갖 방법을 자기도 모르게 사용하다가 가끔 '내가 왜 이러고 있지?' 하고 묻게 된다. 집에 가도 쉬는 것이 쉬는 게 아니다. 일거리를 집에 가져와 일터로 만들기도 하고, 가족들과 다투느라 편안한 날이 없다.

그러다, 어느 순간 힘이 빠지고 가슴은 답답하다. 뭔가 잃어버린 느낌도 있고, 우울도 찾아오고, 잠도 잘 안 오고, 막연한 불만과 불안이 스멀스멀

내 말과 행동을 지배해 간다. 뭔가에 갇혀 있는 것은 알겠는데, 돌아가고 싶어도 딱히 방도를 모르겠다. 어디에서 길을 잃은 것일까?

어린아이 풀벌레 따라 언덕을 뛰놀다가도 때가 되면 집으로 돌아가야 한다. 낮에는 열심히 일하고 저녁이 되면 가족 품으로 돌아가야 한다. 일하고 돈 벌고 봉사하다가도, 한 주에 한 번은 산을 찾거나 교회를 찾아 그곳에서 가만히 있어 보아야 한다. 나는 거기가 내가 있어야 할 본래 자리라 생각한다.

돌아가야 할 곳 : 한적

일, 정보, 관계의 홍수에서 허우적거린다. 몸도 지치고, 마음도 지치고, 뭘 해야 할지 모를 때가 있다. 이럴 때는 무작정 떠나 보는 것이 좋겠다. 일이 없는 곳으로, 정보가 필요치 않은 곳으로, 사람과 얽히고설키지 않는 곳으로 말이다. 혼자 떠나는 것이 제일 좋겠다. 함께 간다면, 어릴 적 죽마고우와 같은 관계 사슬을 염려하지 않아도 되는 이들과 떠나야 한다. 그래야만 '한적'을 경험할 수 있다.

가만히 있는 것이 그냥 좋으면 된다. 엉킨 생각과 감정을 거리낌 없이 나눌 수 있다면 그것도 괜찮다. **불어오는 바람, 새 소리, 따스한 햇볕에 온 몸을 맡기고, 그것만이 전부인 것 같은 느낌을 만날 수 있다면 더더욱 좋다. 오로지 나만을 위한 시간과 공간에서, 저절로 자신에게 '괜찮아~ 잘 살았어~' 하고 되뇔 수 있다면, 거기가 곧 한적한 곳이다.** 일상을 잠시 벗어나 머물 수 있는 한적한 곳, 여기가 내 본래 자리이자 내가 돌아가야 할 곳이다.

일터에서 길을 찾다

돌아가야 할 곳 : 잠

가장 잠을 적게 자는 나라, 대한민국이다. 그래서 수면제가 가장 많이 필요한 나라가 되었다. 잠 많이 자면 게으르다는 신념을 어릴 때부터 주입해서일까? 잠 많이 자면 죄책감이 든다는 우스갯소리도 듣는다.

어디선가 보고 들은 얘기가 있다. 사람은 하루에 8시간을 자야 한다는 것. 그 8시간 동안 깊은 잠과 얕은 잠을 번갈아서 4~5번 정도 리듬을 타야 한다는 것. 깊은 잠이 들어야만 몸과 뇌가 건강해지고, 기분 좋은 아침을 맞이할 수 있다는 것. 깊은 잠에서 나오는 호르몬이 그날 하루 더럽혀진 뇌를 씻어 준다는 것. 깊은 잠이 들지 못하면 꿈이 많아지고 종종 악몽을 꾼다는 것. 수면제를 먹으면, 깊이 자는 것 같아도 호르몬이 나오지 않아 뇌를 씻어 주지 못한다는 것 등.

하고 싶은 말은 이것이다. 우리가 돌아가야 할 또 하나 본래 자리는 '**충분히 그리고 깊이 자는 잠**'에 있다. 잠을 충분히 자지 못할 때 어떤 영향이 있는지는 대부분 경험으로 알고 있다. 일단 두통에, 피곤하고 어지럽다. 우울증, 고혈압, 기억력 퇴화, 면역력 약화 등 스마트폰이 친절히 설명해 준다. 더 이상 말할 필요 없겠다. 내 몸과 마음이 본래 상태로 돌아가는 데에는 '잠'만 한 것이 없다. 깊고 충분한 잠은 삶의 우선순위가 되어야 한다.

돌아가야 할 곳 : 무한한 공간 저 너머로

영화 〈토이스토리〉에 나오는 '버즈라이트'를 기억하는가? 그가 애용하는 구호다. **무한한 공간 저 너머로~!**

나는 '그 너머의 공간'을 나의 본래 자리라 생각한다. 생각 너머, 감정 너머, 욕망 너머, 감각 너머, 세상 너머에서, 생각을 보고 감정을 보고 욕망을 보고 감각을 보고 세상을 볼 수 있다면, 거기가 내가 있어야 하고 돌아가야 할 자리라는 것을 나는 믿는다. 눈을 들어 산을 보고 하늘을 보면서 전체를 인식하고 그것과 하나 될 수 있다면 거기가 내 본래 자리이다.

하루하루 정신없이 살아가는 나와 당신,
잠시 세상사에서 빠져나와 탁 트인 공간을 바라보면 좋겠다.
주변 사람들이 맘에 들지 않는가?
잠시 바깥 공기 마시며 눈을 들어 하늘을 보면 좋겠다.
일에 파묻혀 머리가 복잡하고 부정적인 생각으로 가득 찰 때
가만히 앉아 있지 말고, 잠시 나와서
먼 산 한 번 바라보면 좋다.
가족 걱정과 미래에 대한 불안으로 노심초사하고 있다면,
잠시 넓은 들에서 나무도 보고 풀도 보고 꽃도 보면 좋겠다.

혹시 아는가? 무한한 공간에 시선을 두다가, 극도의 '대자적 경험'으로 모든 것이 걸림돌이던 '애벌레살이'에서 모든 것이 구경거리가 되는 '나비살이'로 변화할지도….

핵심은 빠져나오는 것

컴퓨터를 사용하다 보면 컴퓨터가 멈추거나 속도가 느려지거나 엉뚱하게 작동할 때가 있다. 그때 한 번씩 해 보는 해결 방법이 있다. 컴퓨터를 끄고 다시 시작하는 '리셋' 버튼을 누른다. 그러면 종종 문제가 해결된다. 그래도 해결이 안 되면, '포맷'이라는 것을 하게 되는데, 이것은 컴퓨터에

들어 있는 모든 것을 지우고, 마치 새 컴퓨터처럼 모든 것을 새로 시작한다.

우리에게도 리셋과 포맷이 필요하다. 삶이 잘 돌아가지 않는다고 여겨지면 과감히 본래 있어야 할 자리로 돌아가자. 일상을 잠시 벗어나 아무런 노력과 계획 없이 한적한 곳에 머물러 보고, 생각과 감정의 소용돌이가 치면 과감히 밖에 나와 눈을 들어 산과 하늘, 탁 트인 공간에 마음을 둬 보고, 아니면 무작정 깊은 잠 속으로 도망가 보자.

핵심은 빠져나오는 것이다.
일에서, 사람에게서, 복잡한 생각과 얽힌 감정에서
어떻게든 빠져나와야 한다.
빠져나오면 새롭게 보이는 것이 있지 않을까.
좁디좁은 시야와 공간과 시간에서 빠져나와 만나는 세상이
어쩌면 진짜 세상일지도~!

이렇게 썰을 풀며 다짐하는 나는
지금 어디쯤 서 있는 걸까….

여행 속 찰나의 쉼

정말 오랜만에 친구와 여행을 떠났다. 결혼 이후 처음인 듯하다. 늘 옆에 가족이 있거나, 직장이나 모임에서 목적을 두고 떠난 여행은 많았어도, 이렇다 할 목적 없이, 잠시 세상을 등지듯 떠난 여행은 정말 오랜만에 맛보는 '삶의 여유'였다. 도착지를 참 멀리도 정했다. 대한민국의 최남단이라 할 만한 조그만 섬 '거문도'. 그곳에서 우리는 잘 먹고, 마냥 걷고, 펼쳐진 풍경에 온통 마음을 빼앗기다가, 하나둘 마음속 이야기를 털어놓았다.

아무리 가까운 친구들이어도 조금은 익숙해지는 시간이 필요한가 보다. 웃고 떠들며 함께 하는 순간에도 얼마간의 서먹함이 사이사이에 숨어 있다. 셋째 날이 되어서야 마치 거추장스러운 옷을 벗은 듯, 자유를 만끽했다.

그날 오전, 그 섬의 하이라이트 땅을 찾았다. 전혀 기대하지 않았던 풍경이 펼쳐졌다. 땅과 하늘과 바다가 맞닿은 광경이 내 영혼을 사로잡았다. 그간 육지에서 쌓아 놓은 피로와 복잡한 생각들이 한순간에 사라지는 듯, 온통 펼쳐진 이국적 풍경과 하나가 되어 버렸다.

그날 오후, 작은 섬에 더 이상 갈 데가 없어 보였다. 바다 사냥을 나서기로 했다. 기껏해야 해변에서 고등 한 움큼 잡는 것이지만, 그래도 자연산 소라를 생포할 기대감에 발걸음이 가볍다. 3일 동안 더운 날씨 속에서 행군한 터라, 바닷물 속에 들어간다는 생각에 어린애가 된 듯했다. 밀물 때라 파도가 거칠었다. 거북손과 고등이 바위틈에 널려 있었다. "소라는 더 깊은 곳으로 가야 한다."라는 섬 주민의 말과 연민(?)에 찬 표정을 접한 후, 능력이 안 된다는 것을 바로 알아차렸기에 금방 포기했다. 그리고 한 시간가량 고등 사냥에 몰입했다.

모두 지칠 때쯤, 주변 안전한 바위 위에 앉으니,
밀려오는 파도가 가슴까지 적셔 온다.
잠시 눈을 감는다.
파도 소리…, 파도 냄새…, 파도의 출렁거림에
온몸을 맡긴다.
그것만이 전부인 것 같은 세상…….
'내가 멈췄다'라고 해야 할까…….
이리도 편안하고 좋을 수가 있을까…!

이 감각을 만나려고, 여기 멀리 남쪽 끝 섬까지 왔나 보다. 살며시 눈을 뜨니, 잠시 쉼도 없이 출렁거리는 바다 표면에 시선이 닿는다.

'사느라 참 고생이 많다…….'
속에서 되뇌는 말에, 왜 내 가슴이 저려 오는 걸까….

가끔은 아무런 책임도 계획도 없이, 좋아하는 이들과 일상에서 떠날 필요가 있다. 몸도 쉬고 마음도 쉬고. 오로지 나만을 위한 시간을 갖는다는 것……. 그러다가 **지금이 전부인 듯한 순간을 만날 수 있다면**, 이것이야말로 진정한 쉼이자 진짜 '삶'이 아닐까!

* * *

다시 일터로 돌아왔다. 여전히 좌충우돌이다. 걸려 넘어졌다가 다시 일어나고 또 걸려 넘어진다. 이런 것이 사람 사는 맛이겠지! 걸려 넘어져서 무릎이 너무 아프면 다시 찰나의 쉼을 찾아 떠나야겠다.

때마다 다짐했던 것이, **'버둥거리는 행위의 삶에서 빠져나와 멈추어 서서 주의를 기울이고 물러서서 흐름에 맡기는 노력 없는 행위의 삶을 살겠노라'**였다. 자주 걸려 넘어지는 것을 보면, 그런 삶이 가능할지 모르겠다. 그래도 이정표를 정하고 무작정 걷다 보면 언젠가는 도착하지 않을까? 2보 전진 1보 후퇴하는 마음으로 삶에 직면해 보련다. **아무런 고려도 이해타산도 없이 지금 펼쳐지는 삶을 매 순간 선택하기로 다시 한번 다짐하면서, 이제 15년 오래된 생각을 여기 이곳에 내려놓는다.**

"한 날의 괴로움은 그 날로 족하다."

일터에서 길을 찾다

일터에서 길을 찾다

ⓒ 길준수, 2023

초판 1쇄 발행 2023년 10월 18일

지은이   길준수
펴낸이   이기봉
편집   좋은땅 편집팀
펴낸곳   도서출판 좋은땅
주소   서울특별시 마포구 양화로12길 26 지월드빌딩 (서교동 395-7)
전화   02)374-8616~7
팩스   02)374-8614
이메일   gworldbook@naver.com
홈페이지   www.g-world.co.kr

ISBN   979-11-388-2384-5 (03330)